贾平凹灵性散文

jia ping wa

贾平凹

文汇出版社

图书在版编目(CIP)数据

贾平凹灵性散文/贾平凹著. —上海：文汇出版社，2017.10
 (文汇. 金散文)
 ISBN 978-7-5496-2059-3

Ⅰ.①贾… Ⅱ.①贾… Ⅲ.①散文集-中国-当代 Ⅳ.①I267

中国版本图书馆 CIP 数据核字(2017)第 065178 号

- 主　　编：陈先法　杨海蒂
- 本册选编：杨海蒂

"文汇·金散文"(第一辑)

贾平凹灵性散文

出 版 人：桂国强
作　　者：贾平凹
责任编辑：张　涛
装帧设计：Q_Design

出版发行：文匯出版社
　　　　　上海市威海路 755 号　邮政编码：200041
经　　销：全国新华书店
印刷装订：江苏启东市人民印刷有限公司

版　　次：2017 年 10 月第 1 版
印　　次：2017 年 10 月第 1 次印刷
开　　本：890×1240　1/32
字　　数：200 千
印　　张：10.375

ISBN：978-7-5496-2059-3
定　　价：38.00 元

·版权所有　侵权必究·

目录
Contents

第一辑

敲门·003

朋友·006

吃烟·010

牌玩·012

养鼠·017

吃面·023

饮者·025

辞宴书·028

第二辑

看人·033

我的老师·042

在米脂·046

关于女人·050

观球（一）

——观看2002年世界杯足球赛·056

观球（二）

——观看2006年世界杯足球赛·087

第三辑

我有一个狮子军·123

记五块藏石·127

丑石·130

狐石·133

"卧虎"说·136

陶俑·139

古土罐·145

土彩罐·149

关于埙·151

拓片闲记·153

壁画·155

我的诗书画·158

平凹作画记·160

看好门户·168

藏者·170

第四辑

说话·175

说花钱·177

说房子·181

说请客·183

说孩子·186

说美容·190

说奉承·192

说生病·196

说舍得·199

第五辑

松云寺·203

药王堂·205

进山东·207

秦腔·213

我的故乡是商洛·222

从棣花到西安・225

第六辑

初中毕业后・233

文章变铅字的时候・246

我的台阶和台阶上的我・249

人和书都有自己的命运・264

秃顶・267

在旧历壬午二月二十一日五十寿宴上的讲话・270

五十大话・273

喝酒・277

写给母亲・281

第七辑

悼巴金・287

怀念杜鹏程・289

先生费秉勋・293

孙犁论・295

怀念路遥・297

上帝的微笑・300

怀念陈忠实・301

再忆陈忠实 · 302

读张爱玲 · 304

哭三毛 · 307

再哭三毛 · 311

佛事 · 318

孤独地走向未来 · 323

第一辑

敲　门

人问我最怕什么？回答：敲门声。在这个城里我搬动了五次家，每次就那么一室一厅或两室一厅的单元，门终日都被敲打如鼓。每个春节，我去郊县的集市上买门神，将秦琼敬德左右贴了，二位英雄能挡得住鬼，却拦不住人的，来人的敲打竟也将秦琼的铠甲敲烂。敲门者一般有规律，先几下文明礼貌，等不开门，节奏就紧起来，越敲越重，似乎不耐烦了，以至于最后"咚"地用脚一踢。如今的来访者，谦恭是要你满足他的要求，若不得意，就是传圣旨的宦官或是有搜查令的警察了。可怜做我家门的木头的那棵树，前世是小媳妇，还是公堂前的受挞人，罪孽深重。

我曾经是有敲声就开门的，一边从书房跑出来，一边喊：来了来了！来的却都是莫名其妙的角色，几乎干什么的都有，而一律是来为难我的事，我便没完没了地陪他们，我感觉我的头发就这么一根根地白了。以后，没有预约的我坚决不开门，但敲打声使我无法读书和写作，只有等待着他们的走开。贼也是这么敲门的，敲过没有反应就要撬门而入,但我是不怕贼的,贼要偷钱财,我没钱财,贼是不偷时间的,而来偷我时间的人却锲而不舍,连续敲打,我便由极度的反感转为欣赏:看你能敲多久?!门终于是不敲了。可过一会儿,敲声又起,才知敲者并没有走,他的停歇或许是敲累了,或许以为我刚才在睡觉或上厕所,为此敲敲停停,停停敲敲,相信我在家中,非敲开不可。我只有在家不敢作声,越是不敢作声,喉咙越发痒想咳嗽,小便也憋起来,我恨我成了一名逃犯。

狡兔三窟,我想,我还不如只兔子。这么大的城里,广厦千万间,怎么就没有一个别处的秘密房子,让我安静睡一觉和读书写作呢?我当然不敢奢想有深宅大院,有门子在前可以挡驾,有那么一小间放张桌子和小床即可,但我不能。以至于我在任何地方去上厕所,都设想有这么个地方,把蹲坑填了,封了天窗,也蛮好嘛。我的房间从来是一室一厅或二室一厅,前无院子,后无后门,什么人寻我,都是瓮中捉鳖。

事实是,我并不是个不需要朋友的人,读书写作之余,我也要约三朋四友来喝酒呀,谈天呀,博弈搓麻将。但往往是想念的朋友不来,来的都是不想见的人。我曾坚持不开门,挡住了几次我的从老家来的亲戚,他们是忙人,敲几下以为我不在家就走了,过后令我捶胸顿足。我挡不住的是那些要我写条幅去送他的上级的人,是那些有什么堂会让我去捧场的人,或是他们什么事也没有,顺脚过来要解闷的,他们有的是闲工夫,上午来敲不开门,下午又来敲,今日敲不开明日再来敲,或许就蹲在门外和楼下。他们是猎人,守在那里须等小兽出来。

明代的陈继儒说过：闭户即是深山，闭户哪里又能是深山呢？

或说，那是你红火啊。可我并不红火，红火能住这么小的房子吗？如果我是官人家，客来又有重礼，所求之事谈完即走，走时还得说：不打扰了，您老辛苦，需要休息。找我的双手空空，只吸我的烟，喝我的茶。如果我是歌星影星，从事的就是热闹工作，可我热闹了能写出什么文章？又是读陈继儒的小品，陈先生恐怕在世时也多受骚扰，曾想去做隐者，但他说："隐者多躬耕，余筋骨薄，一不能；多弋钓，余禁杀，二不能；多有二顷田，八百桑，余贫瘠，三不能；多酌水带素，余不耐苦饥，四不能。"我同陈继儒一样，我可能者，也是"唯独处淡饭著述而已"。但淡饭几十年一贯，著述也只是为了生计和爱好，独处竟如此不能啊！想想从事写作以来，过几年就受冲击，时时备受诽谤，命运之门常被敲打，灵魂何时有过安妥？而家居之门也被这般敲打不绝，真是声声惊心。小儿发愿，愿明月长圆，终日如昼，我却盼永远是在夜里，夜里又要落雪下雨，使门永不被敲打。

但这怎么可能呢？我还要活的，我还有豪华的志向，还有上养老下哺小，红尘更深，我的门恐怕还是不停地被人敲打。我的命就是永远被人敲门，我的门就是被人敲的命吧。有一日我要死了，墓碑上是可以这样写的：这个人终于被敲死了！

朋　友

朋友是磁石吸来的铁片儿,钉子,螺丝帽和小别针,只要愿意,从俗世上的任何尘土里都能吸来。现在,街上的小青年有江湖义气,喜欢把朋友的关系叫"铁哥们",第一次听到这么说,以为是铁焊了那种牢不可破,但一想,磁石吸的就是关于铁的东西呀。这些东西,有的用力甩甩就掉了,有的怎么也甩不掉,可你没了磁性它们就全没有喽!昨天夜里,端了盆热水在凉台上洗脚,天上一个月亮,盆水里也有一个月亮,突然想到这就是朋友么。

我在乡下的时候,有过许多朋友,至今二十年过去,来往的还有一二,八九皆已记不起姓名,却时常怀念一位已经死去的朋友。我个子低,打篮球时他肯传球给我,我们就成了朋友,数年间形影不离。后来分手,是为着从树上摘下一堆桑葚,说好一人吃一半的,我去洗手时他吃了他的一半,又吃了我的一半的一半。那时人穷,吃是第一重要的。现在是过城里人的日子,人与人见面再不问"吃过了吗"的话。在名与利的奋斗中,我又有了相当多的朋友,但也在奋斗名与利的过程中,我的朋友变换如四季。……走的走,来的来,你面前总有几张板凳,板凳总没空过。我做过大概的统计,有危难时护佑过我的朋友,有贫困时周济过我的朋友,有帮我处理过鸡零狗碎事的朋友,有利用过我又反过来踹我一脚的朋友,有诬陷过我的朋友,有加盐加醋传播过我不该传播的隐私而给我制造了巨大的麻烦的朋友。成我事的是我的朋友,坏我事的也是我的朋友。有的人认为我没有用了不再前来,有些人我看着恶心了主动与他断交,但难处理的是那些帮我忙越帮越乱的人,是那些对我有过恩却又没完没了地向我讨人情的人。地球上人类最多,但你一生的交往最多的却不外乎方圆几里或十几里,朋友的圈子其实就是你人生的世界,你的为名为利的奋斗历程就是朋友的好与恶的历史。有人说,我是最能交朋友的,殊不知我的相当多的时间却是被铁朋友占有,常常感觉里我是一条端上饭桌的鱼,你来捣一筷子,他来挖一勺子,我被他们吃剩下一副骨架。当我一个人坐在厕所的马桶上独自享受清静的时候,我想象坐监狱是美好的,当然是坐单人号子。但有一次我独自化名去住了医院,只和戴了口罩的大夫护士见面,病床的号码就是我的一切,我却再也熬不了一个月,第二十七天里翻院墙回家给所有的朋友打电话。也就有人说啦:你最大的不幸就是不会交友。这我便不同意了,我的朋友中是有相当一些人令我吃尽了苦头,但更多的朋友是让我欣慰和自豪的。过去的一个故事讲,有人得了病看医生,正好两个医生一条街住着,他看见一家医生门前鬼特别多,认为这医生必是医术不高,把那么多人医死了,就去门前只有两个鬼的另一位医生家看病,结果病没有治好。旁边人推荐他去鬼多的那家医生看病,他说那家门口鬼多这家门口鬼少,旁边人说:那家医生看过万人病,死鬼五十个,这家医生在你之前就只看过两个病人呀!我想,我恐怕是门前鬼多的那个医生。根据我的性情、职业、地位和环境,我的朋友可以归两大类:一类是生活关照型。人家给我办过事,比如买了煤,把煤一块一块搬上楼,家人病了找车去医院,介绍孩子入托。我当然也给人家办过事,写一幅字让他去巴结他的领导,画一张画让他去银行打通贷款的关节,出席他岳父的寿宴。或许人家帮我的多,或许我帮人家的多,但只要相互诚实,谁吃亏谁占便宜就无所谓,我们就是长朋友,久朋友。一类是精神交流型。具体事都干不来,只有一张八哥嘴,或是我慕他才,或是他慕我才,在一块谈文道艺,吃茶聊天。在相当长的时间里,我把我的朋友看得非常重要,为此冷落了我的亲戚,甚至我的父母和妻子儿女。可我渐渐发现,一个人活着其实仅仅是一个人的事,生活关照型的朋友可能了解我身上的每一个痣,不一定了解我的心,精神交流型的朋友可能了解我的心,却又常常拂我的意。快乐来了,最快乐的是自己。苦难来了,最苦难的也是自己。

然而我还是交朋友,朋友多多益善,孤独的灵魂在空荡的天空中游弋,但人之所以是人,有灵魂同时有身躯的皮囊,要生活就不能没有朋友,因为出了门,门外的路泥泞,树丛和墙根又有狗吠。

西班牙有个毕加索,一生才大名大,朋友是很多的,有许多朋友似乎天生就是来扶助他的,但他经常换女人也换朋友。这样的人我们效法不来,而他说过一句话:朋友是走了的好。我对于曾经是我朋友后断交或疏远的那些人,时常想起来寒心,也时常想到他们的好处。如今倒坦然多了,因为当时寒心,是把朋友看成了自己和自己的家人,殊不知朋友毕竟是朋友,朋友是春天的花,冬天就都没有了,朋友不一定是知己,知己不一定是朋友,知己也不一定总是人,他既然吃我,耗我,毁我,那又算得了什么呢?皇帝能养一国之众,我能给几个人好处呢?这么想想,就想到他们的好处了。

今天上午,我又结识了一个新朋友,他向我诉苦说他的老婆工作在城郊外县,家人十多年不能团聚,让我写几幅字,他去贡献给人事部门的掌权人。我立即写了,他留下一罐清茶一条特级烟。待他一走,我就拨电话邀三四位旧的朋友来有福同享。这时候,我的朋友正骑了车子向我这儿赶来,我等待着他们,却小小私心勃动,先自己沏一杯喝起,燃一支吸起,便忽然体会了真朋友是无言的牺牲,如这茶这烟,于是站在门口迎接喧哗到来的朋友而仰天嗬嗬大笑了。

吃　烟

吃烟是只吃不尽，属艺术的食品和艺术的行为，应该为少数人享用，如皇宫寝室中的黄色被褥，警察的电棒，失眠者的安定片；现在吃烟的人却太多，所以得禁止。

禁止哮喘病患者吃烟，哮喘本来痰多，吃烟咳咳咯咯的，坏烟的名节。禁止女人吃烟，烟性为火，女性为水，水火生来不相容的。禁止医生吃烟，烟是火之因，医是病之因，同都是因，犯忌讳。禁止兔唇人吃烟，他们嚼不住香烟。禁止长胡须的人吃烟，烟囱上从来不长草的。

留下了吃烟的少部分人，他们就与菩萨同在，因为菩萨像前的香炉里终日香烟袅袅，菩萨也是吃烟的。与黄鼠狼子同舞，黄鼠狼子在洞里，烟一熏就出来了。与龟同默，龟吃烟吃得盖壳都焦黄焦黄。还可以与驴同嚎，瞧呀，驴这老烟鬼将多么大的烟袋锅儿别在腰里！

我是吃烟的，属相上为龙，云要从龙，才吃烟吞吐烟雾要做云的。我吃烟的原则是吃时不把烟分散给他人,宁肯给他人钱,钱宜散不宜聚,烟是自焚身亡的忠义之士,却不能让与的。而且我坚信一方水土养一方人,是中国人就吃中国烟,是本地人就吃本地烟,如我数年里只吃"猴王"。

杭州的一个寺里有副门联,是:"是命也是运也,缓缓而行;为名乎为利乎,坐坐再去。"忙忙人生,坐下来干啥,坐下来吃烟。

牌　玩

如果今日得空,就玩麻将牌去。

不用再怀里揣了攮子,都是熟人,吃喝花用不论你我,场面上闹不起黑脸白眼。也用不着带身份证,玩的是五分钱一角钱的注儿,公安局的摩托车不会突然地出现在门前。要带就带上愁苦烦恼和一揽子的百无聊赖,拿几个零钱去买个痛快吧。

茶泡好了,烟也叼上了,哗啦,哗啦,哗哗啦啦,当兵的双手能打枪,咱十个指头一齐动,各摆九摞,砰地一合,随手又丢去一摞,这动作多风流潇洒,若要幽默,咱就称这是义务修长城吧,或者叫作学习164号文件吧。各人将各人的零票子已经点清了放在旁边,请注意这不是要赌而重在搏。"人生难得几回搏",运动场上这么说,牌场上为什么不能这么说呢？运动场为国争光的之所以是金牌而不是铁牌或泥牌,牌场上当然要金钱论输赢了。钱是好东西,倘若少一分,你纵然在商店给售货员笑个没死没活,那货品你只能看,你不能拿。美国竞选总统,竞选者是不敢有情妇的,你对你的妻子都不忠诚,你能对国人忠诚吗?法国人交朋友,绝不交铤而走险的,你连你的生命都不珍惜,你能珍惜朋友吗?那么在中国的时下,你连钱都不爱;你还爱什么?爱钱不可耻。但不能唯此为大。那么,就宣布钱票子一律装在鞋里踩在脚下吧。踩,人永远主宰它,它永远不主宰人!

好了,好了,别耽搁时间,八只手在桌面上都急得抖起来了。瞧多激动的手,一个一个指头涨得通红,指头与指头之间相互是认得的,上次输了的,这次一心要东山再起,上次赢了的,风光了一次还要风光。有的开始在试验摸某一页牌了,上下反复搓,如赛前的运动员在做各种预备动作,有的慢慢地一次搓上去,一副哲学家的老谋深算,更多的指头稳在那里,指甲像一面面盾牌,你能感觉到盾牌之后的眈眈视眼。反正,红布即将出现在斗牛面前,气氛紧张到极点,幸亏指头不长心,否则全犯心肌梗塞了。

抓牌开始,开始了反倒一切平静。玩牌人没有打过仗,但枪一响,老子今天就死在战场上了,能在战壕里掏出女人的照片亲一口,能在间隙中打个盹或是下一盘棋,这景况咱们是体验了,理解了。大家开始说戏谑的话,夸奖谁是"刀子手",刀子手虽然曾剜过自己的肉,还大度地恭维;又作践谁是"老送",虽然人家输给了你,却仍竭尽嘲笑和鄙视。残酷的竞争在这种友好的气氛里悄悄进展,戏谑之语遂渐渐停止,因为有人一盘不和,又一盘还不和,虽然是"千刀万剐不和第一把",虽然是"好汉不赢前三盘",但已经一圈两圈下来了仍未有知,细细的汗珠就在鼻尖沁现了。高潮一旦产生,有的在虚张声势,连呼好牌,有的干脆暗倒了,挽起袖子大幅度做自摸的动作,胆小的浑身燥热,稳健的不动声色,有的将打出的牌偏要放在某一位面前让其和。突然有人自摸到手了,迅雷不及掩耳地两声爆响,一声是将夹起的二饼重重地砸磕在桌面上,但牌已断裂,看到的是一个一饼,另一声则是飞起的那半截到了水泥楼顶上,飞丢的是另一个一饼。这响声如广岛的原子弹爆炸,巨大的欢乐使一个人的心神粉碎到了半空,巨大的沮丧同时使三个人一下子推乱了牌摞,脸灰得如摔了土袋。

好吧,看下一盘吧,盯着自己的牌,更盯着桌上的牌,下家打出个六万,我也打六万,留着白板拆副儿打,我宁肯不和你也别和。做最精细的计算,捕捉突然的感觉,分析整个局势,这里需要的是浑身的解数;看他的眼神,尤其是眉宇间一闪即逝的东西,看他手的下意识的动向,别瞧他轻松地哼曲或者旁若无事地不停地调整牌的位置。声东击西,瞒天过海,明修栈道,暗度陈仓,三十六计全然使得。你盯我,他盯你,周而复始,恶性循环,四个人谁都是谁的坟墓。如此这般沉沉浮浮,牌技方得提高。似乎明白了官场上的一切奥秘,只是那种斗争上升到一种艺术吧。遂作想,一个兵由班长到排长到连长营长团长直到军长那真正是在战场上的军人,而一个人由生产队长到村长到乡长到县长直到专员则必是踩着了多少人的肩膀上的政客,于是扬扬自得,凭咱这一套牌技也可以去当当什么领导了!但是,这想法玩牌人只是偶然闪动,最多是那么会心一笑而已,因为官场上仍还凭靠山后门,牌场上的机会却永远是人人平等。你的牌再好,有时却就是不和,你的牌有时糟到了极点,几乎完全丧失了信心,终了却是和了。世界是神秘的,麻将牌更神秘,有神使和鬼差,使每个人都诚惶诚恐了。牌再坏,不能骂牌,骂的是自己的手"臭",骂的是自己坐错了方位,骂的是自己尿憋了没有去"放毒水",如果想啥来啥,则要将牌放在嘴上亲一口了。当然也要自我宽慰,"牌场上失意,情场上得意"啊,这么说着,还是一个劲地输,则疑惑"我是摸了女子的×了"!好也是女人,坏也是女人,牌场上女人总是被骂的对象,这如同农民耕地不休止地骂牛一样。为了能赢,最后手法是自己作践自己了,打出了牌又摸回来,少不得自己打自己的脸,要上庄,希望能连坐,宁肯说是要坐个"母猪庄"。运气,运气,人人都在这神秘面前无可奈何;玩牌是人生,人生即游戏,试试近期的凶吉顺逆,玩牌是最好的征兆,绝对地胜过了庙堂里的抽签打卦。

到了这个时候,我们玩牌人进入了又一个境界,输赢已不在乎,赢了说一声:"实在不好意思了。"输了的更豁达,说:"拿去花吧,权当我赞助了!"狗皮袜子没反正,肉烂了在锅里,肥水没有外流,重要的不是输赢而是参与,友谊第一,痛快第一嘛,戏谑之声又甚嚣尘上。大家开始大讲玩牌之乐了,有的说牌场是观察人的好去处,谁个鸡肠小肚一输就喋喋不休,谁个轻佻浅薄,输了面如土色,赢了忘乎所以,谁个聪明反被聪明误,谁个输钱不输人,谁个大愚者其实大智。可笑诸葛亮知人善用凭的是出问题让下人回答,日本老板接收职员要查血型,如今组织部考察干部要翻档案,为什么不到牌场上一目即了然呢!有的说玩牌能享乐到自由,十三张牌就是你的兵马,要留哪个留哪个,要开销哪个便开销,不考虑人际关系,不牵涉上下矛盾,不受外界影响,一切由我,我就是领导,我就是统帅,我就是拥有至高无上的权力。有的说,玩牌是最好的身心放松,可以忘记单位领导的小鞋,可以忘记事业上的失败,可以忘记孩子的待业,可以忘记嘟嘟囔囔的老婆,工资调级,物价上涨,住房,税收,情人,性病,去他妈的全都忘了!

牌场终于结束了,痛快并未消退,接着的是吃。赢了的,反正是平白赢的,吃;输了的,能输起自己还吃不起?吃。数瓶的啤酒和一只烧鸡下肚了。饱嗝儿打过,吸一颗烟吧,深深地吸下肚,长长地又吐出来,突然间感到了一切都是空的,都是无聊,这一夜就这么过去了,新的太阳即将出来,烦恼的明日还得烦恼,愁苦是的明日还得愁苦,即使在这天欲明未明之际回家去,那老婆会给开门吗?

来时带了愁苦烦恼和一揽子的百无聊赖要埋葬在牌场上,如今丢光了零钱又背上了愁苦烦恼和一揽子百无聊赖该回走了。回走了,满地的是被嘴唇遗弃的烟头,心里想着这是人玩了牌还是牌玩了人,口里却说:喂,几时得空,再玩吧。

养　鼠

买了十三楼的一个单元做书房,以为街道的灰尘不得上来,蚊子不得上来,却没想到上来了老鼠。老鼠是怎么上来的,或许是从楼梯,一层一层跑上来,或许沿着楼外的那些管道,很危险地爬上来。可以肯定的这只是一个老鼠,因为我见过一次,是那天早上一开门,他正立在客厅,猛地门响,似乎吓了一跳,跌坐在地上,便立即翻起身钻到另一个房间去了。我的朋友来我处借书的时候也见过一次,他站在那个古董架上洗脸,一闪就不见了。他是一拃多长,皮毛淡黄,尖嘴长尾,眼睛漂亮。老鼠之所以叫老鼠,生下来就长了胡子,但他仍是个年幼的老鼠。书房里突然有了老鼠,我得赶紧检查房子的漏洞,我是从来不开窗子的,进门也是顺手关门,我发现柜式空调的下水管那儿有空隙,便把它堵严了。老鼠如同麻雀一样,离不开人,要在屋檐下筑窝,但又不亲近人,人一靠近就飞了。老鼠和我仅打过那一次照面,至后再没有见过,而我不愿意他留在书房。要把老鼠捉住或撵走,到处堆满了书籍报刊和收集来的古董玩物，清理起来十分困难，这就无法捉住和撵走。也买了鼠药放在墙角，他根本不吃；又买了好几块粘鼠板摆在各处，他仍不靠近。反倒是我有一次不经意踩上了一脚，鞋子半天拔不下来。书房唯一出口就是大门，晚上开了门让他走吧。可在城市的公寓楼上，晚上怎敢大门不关呢，何况这还可能有另外的老鼠进来。那怎么办？既然无法捉他和撵他，他又无法自己出去，毕竟是一条生命，那就养吧。一养便养过了四年，我还在养着。

养老鼠其实不费劲，给他提供食物就是。我的书房离我居住的家较远，我是每天早上来到书房，晚上了再回到家去。第一次我在晚上离开书房时，将一块馒头放在一块干净的秦砖上，第二天早上再来时，那馒头就不见了。但当天的晚上没有了馒头，把剩下的石条放在那儿，早上再来时，石条竟然完好无缺。我以为他是从什么地方出去了，或者是死了，就又在离开时放上馒头，以测试我的猜想。可隔了一夜，却发现馒头又没了。我这才知道他是不吃石条的。以后的日子，我没有给他留剩一个小洞，吃了一点就是了。他还是喜欢吃馒头和锅盔，我就笑了，陕西人爱吃这些，他也真是陕西的老鼠。有时也冒出一个想法，这老鼠咋和我的饮食习惯差不多：不要求多豪华，但一定要讲究，太软的馒头和锅盔不吃，太硬的馒头和锅盔不吃，锅盔不吃边楞儿，馒头不吃皮儿。

我的书房里拥挤不堪，但还乱中有序，除了几十个书架，这儿一摞书籍，那儿一堆报刊；再就是那些偶像，佛教的，道教的，儒教的；更多的是秦汉唐的陶器、木刻、石雕，石雕又是什么动物的人物的都有。我每次进去,肯定要焚香的,让诸神的法力充满;要离开了,就拍着那只大石狮,它是人石狮身的瑞兽,给咱守护好呀!然后再高声对老鼠说:馒头节省着吃,渴了不要喝佛前的净水,给你喝的在盒子里。我到了外边,尤其是晚上,想着那么大的房间里,堆放了那么多东西;那些东西都是不动的,只有老鼠在其中穿行,如同巡夜一般,心里便充满了乐意。

但我仍是给老鼠发过两次火。一次我翻检那些汉唐石碑的拓片,发现有三四张被咬破了。我泼然大怒,常在冰箱里备有二三个馒头。数月后,到了秋天,楼下的馒头店搬走了,没有了馒头,我就放了花生,有生花生和油炸过的花生,但他好像仅吃个二三粒就不吃了。以为松鼠是吃松子的,松鼠和老鼠应该是同一类,我在超市里发现了有卖松子的,买了一包,回书房放了,还说:给你过个生日!可他也不吃松子。我就有些生气了,什么嘴呀,这么挑食?!朋友请吃饭,剩下的鱼呀,排骨呀,油饼、锅盔和饺子拿回来,全给他放了,他只吃锅盔。馒头和锅盔放得干了硬了,他也不吃。有一次我给我买了晚饭,剩下一根火腿肠,晚上放给他了;那么长的一根火腿肠,他竟吃得一点渣屑都不剩。原来他可以吃肉的,不要带骨头的那种。我每次外出吃饭,便给他带些剩肉,他却又不吃了。丸子不吃,糯米团不吃,方便面不吃,核桃仁葡萄干不吃,豆腐吃过一次,再放就再不吃了。那他还吃什么呢?我想想有一首歌:我爱你,就像老鼠爱大米。抓了一把米放在那里,结果他根本不吃。我看过漫画,老鼠是偷油的,也会抱着拿鸡蛋的,就在碟子里放菜油,他没有吃;放过一颗鸡蛋,他也没有动。而朋友送来的水果,比如梅子、苹果、梨、香蕉、猕猴桃,他只吃香蕉和猕猴桃,但也是在香蕉和猕猴桃上哂出怒,骂道:老鼠,你听着,你竟敢咬我拓片?我警告你,如果再敢咬书咬纸,我彻底清理房间也要把你打死。从此,再没有发现他咬碎过什么。另一次,我在擦拭客房中堂的案桌,案桌上供奉着唐时的一尊铜佛和文殊普贤两位菩萨的石像,竟然有了老鼠的屎粒和尿渍,我再一次火冒三丈,大声警告:你去死吧,老鼠! 去死吧! 明天我抱一只猫来! 但我去市场买猫的时候,主意又变了,何必要他的性命呢,返回来给佛上了香,又供了水果和鲜花。我听见在什么地方响了一下,我猜想那肯定是老鼠在暗处耍我。我没有回头,只说了一句:你记着!

朋友们知道我在书房养着老鼠,都取笑我,作践我。我说:这是一只听话的老鼠。他们说:听话? 该不会说这是一只有文化的老鼠吧。我脸上发烧,说:他进来了,不得出去,我能不养吗? 或许是一种缘吧。

和老鼠能有什么缘呢? 我的小女儿是属老鼠的,我的一些朋友也是属老鼠的;小女儿的到来和朋友的交集,那都是上天的分配,或者说磁铁吸的就是螺丝帽儿和钉子啊。小女儿让我有操不尽的心,朋友中也有帮助过我的也有坑害过我的,但你能刀割水洗了小女儿和朋友吗? 世上有那么多的老鼠,为什么偏就是这一只老鼠进了我的书房? 他从地面到十三楼,容易吗? 他是冲着书籍来的,冲着占董玩物来的? 那他真是有文化的老鼠了。如果他没有文化,那四年了,他白天里要看我读书写著,听着我和朋友们说文论艺,晚上又和书籍古玩在一起,他也该有些文化了吧。

所以我觉得我养了老鼠并不丢人,也不是无聊。四年里我没有加害他,没有让他受饿;我没有奴役他,也没有从他那儿博取什么快活。他好像能知冷知热,我曾见过他蜕下的毛,也似乎没生过病。他除了那两次犯错后来再没有咬噬过什么,也不再到有佛像的条案和架子上去。我们互不见面,我就是每天放食或隔空喊话;他在某一处偷偷耍我,偶尔到我梦中。但有一天,我突然担心起来,他是不是太孤单了。我并不知他是公是母,可无论公母他都是单身呀。他得有情欲呀,他得有后代呀。我多么希望他能出了这个房子,到楼下的花园里去寻找他的伙伴。但他就是没有出去。我终于决定了在一个夏夜把大门打开,我就坐在客厅里,拉灭了灯,连烟都不敢吸,让他出门;还在心里念了《大悲咒》,让他离开。到天明了,我只说他是出去了;当天我离开时又放了馒头,要证实他是真出去了。等我再一次回来,一开门就看秦砖上的馒头还在不在。我那时是又盼望馒头还在又盼望馒头不在;要是馒头还在,那他真的是走了,心里还有些不舍。可一看,馒头竟没有了。天呀,他还在。我就笑了,说:那好,那好,行走!我在瞬间里叫他是行走,因我的书房名是上书房,而古时候上书房是皇帝读书的地方,能自由出入上书房的官就叫上书房行走,我也把我的老鼠叫作了行走。

2014年9月24日下午,我在书房里写小说,到了黄昏,写累了,摘下眼镜凝视对面的佛像。我的写字台安在大房间的南边,北边是两个木架,全摆放着铜的铁的石的木的佛像。我看着佛像,祈望神灵赐给我智慧的力量,才一低头,却看见了老鼠就在那木架前的地板上。四年了,这是我第二次看到他。它还是那么一拃长,皮毛淡黄。他在那里背向着我,突然上半身立起来,两个前爪举着,然后俯下身去;再上半身立起举着前爪,又俯下身去。我一下子惊呆了,也感动不已。我没有弄出声响,就看着他做完三次动作,然后便去了另一个房间。等他走了,我吁了一口气,放下正写的小说,就写下了这篇小文。

吃　面

陕西多面食，耀县有一种，叫盐汤面，以盐为重，用十几种大料熬调料汤，不下菜，不用醋，辣子放汪，再漂几片豆腐，吃起来特别有味。盐汤面是耀县人的早饭，一下了炕，口就寡，需要吃这种面，要是不吃，一天身上就没力气。在县城里的早晨，县政府的人和背街小巷的人都往正街去，正街上隔百十米就有一家面馆，都不装修，里边摆两三张桌子，门口支了案板和大环锅，热气白花花的像生了云雾。掌柜的一边吹气一边捞面，也不吆喝，特别长的木筷子在碗沿上一敲，就递了过去。排着长队的人，前头的接了碗走开，后头的跟上再接碗，也都不说话，一人一个大海碗，蹲在街面上吃，吃得一声价儿响。吃毕了，碗也就地放了，掌柜的婆娘来收碗，顺手把一张餐纸给了吃客，吃客就擦嘴，说："滋润！"

这情景十多年前我见过。那时候，我在县城北的桃曲坡水库写小说，耀县的朋友说请我吃改样饭，我从库上下来吃了一次，从此就害上了瘾。在桃曲坡水库待了四十天，总共下库去吃过六次，水库到县城七八里路,要下一面塬坡,我都是步行去的,吃上两碗。一次,返回走到半坡,肚子又饥了,再去县城吃,一天里吃了两次。

后来回到西安,离耀县远了,就再没吃过盐汤面。西安的大饭店多,豪华的宴席也赴了不少,但那都是应酬,要敬酒,要说话,吃得头上不出汗。吃饭头上不出汗,那就没有吃好。每每赴这种宴席时,我就想起了盐汤面。

今年夏天,我终于对一位有小车的朋友说:咱到耀县吃盐汤面吧!洗了车,加了油,两个小时后到了耀县,当年吃过的那些面馆竟然还在,依旧是没装修,门口支着案板和环锅。我一路上都在酝酿着一定要吃两碗,结果一碗就吃饱了,出了一头汗。吃完后往回走,情绪非常好,街道上有人拉了一架子车玫瑰,车停下来我买了一枝。朋友说:"我以为你是贵人哩,原来命贱。"我说:"咋啦?"他说:"跑这么远,过路费都花了五十元,就吃一碗面呀?"我说:"有这种贱吗?开着车跑几个小时花五十元过路费十几元油费就为吃一碗面啊!"

那面很便宜,一元钱一碗,现在涨价了,一碗是一元五角钱。

饮　者

　　古汉语中对"者"字运用很雅：奉使命办事的叫使者，未剃度的出家人叫行者，有节奏地扭动身体的叫舞者。饮者，为喝酒的人，可能是古时除了一般的喝喝，还有专门陪别人喝酒的，成一种职业。风是元明一路遗下来，悠悠，现在有在家宴请某某人了，要请几个伴席劝酒的，有什么领导去出席宴会，秘书要一旁保护，出来代酒的。在乡下，农民喝酒通宵达旦，媳妇们常要来照顾自己的丈夫，但不能入席，只坐在门首聊天，待到屋里的喊一声××，××就进去把丈夫已不能喝下的酒喝下，然后又坐回门首。饮者多不富有，两袖清风，一肚酒精，鼻子和耳垂子总是红红的。他们在街巷走，微风里立即能闻出前边有了一家酒馆，开坛的是清香型呢还是酱香型。

　　喝酒的理由很多，来贵客了要喝，没有贵客来一帮赖朋友也要喝，心情高兴了要喝，心情不高兴了也要喝，天气好了要喝，天气不好也要喝。喝酒也就没有了理由。——没有理由也是个理由嘛，喝!于是买一壶来,有菜就下菜,没菜干喝。北方人没见过大海,凡是大一点的都称海,这是一场海喝。令拳当然要划的,赢了的不饮输了的饮,真正的饮者,其实都是想办法少喝的人。

  人体的各个器官,都需要一种刺激,酒是水,性却是火,这水火的煎熬,使酒成了口舌的体育运动。球迷的最狂热分子到球场,他并不在乎球怎么踢,90分钟里竟一直在看台上跑动,呐喊,或面对着观众指挥叫号。饮者又都善于吹嘘——吹嘘是不犯法的——李白的诗与其说浪漫,不如说是将喝酒的吹嘘毛病引进了写诗里,他的诗有了名,他却说"唯有饮者留其名",这就又是吹嘘。

  饮者一般都彬彬有礼,酒席上差不多经历三个境界,先轻声细语,再高声粗语,最后无声无语。酒毕竟是浊物,即使高人逸士,饮酒享受的都不是清福。现实中饮者会给人许多难堪,如酒后失态,如呕吐狼藉,如啰嗦不已,但古今所有的文学作品中饮者都是些可敬可叹可爱之人。这或许是文人差不多都能喝酒的缘故。西安城里有一个饮者,文是高手,酒是海量,人称瘦马快刀型。他每日都喝酒,喝酒的时候屋梁上的老鼠就聚在那里闻酒香,久而久之,老鼠也有了酒瘾。一次出差七天,老鼠酒瘾发作,在屋梁上乱跑乱叫,一个个从梁上跌下来死了。

  如果让饮者论说酒的好处,那是能写一本书的。姑且认同酒和英雄是分不开的,那么英雄和美女又是分不开的,典型的如项羽。人的灵魂是存寄于身子之中的——伟大的灵魂存寄的身子或许很丑陋,伟岸的身子或许存寄着很卑微的灵魂——平时是两者难以分离。风中的竹,竹在动着,你看不见风,但有风了竹才有动态,竹的动态也就是风之形。酒和美女的作用是人的灵魂受醉,所以饮和性与身子无关。大街上我们看见饮者打着饱嗝儿醺醺而过,饮者在与分离开的灵魂飘然自在,那身子只是一个"走酒"。十年前我喝酒的时候,一次是醉了,走出巷口遇见一只狗来咬,我明明白白地感受到我的灵魂在身子之前三米远的地方,瞧见了狗用嘴咬住了我身子的左腿,还觉得好玩,说:"疼不?疼不?"

　　酒有时为他人而喝,酒更多的是为自己喝。阳光和空气是大家共同的,酒是用不着培养和维系的朋友,可以当歌。除了自饮,对饮却要双方酒量相当,与酒量太小的人喝着无趣,与酒量大但不醉的人喝也无趣,有的女人酒到喉咙就变成水了,那也对饮不得,她糟蹋了酒。

　　人醉酒,也醉茶醉饭,醉他人,也醉自己。社会总是新的,饮者依然古老。

辞宴书

今晚粤菜馆的饭局我就不去了。在座的有那么多领导和大款,我虽也是个"局级",但文联主席是穷官、闲官,别人不装在眼里,我也不把我瞧得上,哪里敢称作同僚?他们知道我而没见过我,我没见过人家也不知道人家具体职务。若去了,他们西装革履,我一身休闲;他们坐小车,我骑自行车;他们提手机,我背个挎包。于我觉得寒酸,于人家又觉得我不合群,这饭就吃得不自在了。吃饭要和熟人吃才香,爱吃的多吃,不爱吃的少吃,可以打嗝儿,可以放屁,可以说趣话骂娘,和生人能这样吗?和领导能这样吗?知道的能原谅我是懒散惯了,不知道的还以为我对人家不恭,为吃一顿饭惹出许多事情来,这就犯不着了。酒席上谁是上座,谁是次座,那是不能乱了次序的,且常常上座的领导到得最迟,菜端上来得他到来方能开席,我是半年未吃海鲜之类,见那龙虾海蟹就急不可耐,若不自觉筷先伸了过去如何是好?即便开席,你知道我向来吃速快,吃相难看,只顾闷头吃下去。若顺我意,让满座难堪,也丢了文人的斯文；若强制自己，为吃一顿饭强制自己，这又是为什么来着？席间敬酒，先敬谁，后敬谁，顺序不能乱，谁也不得漏，我又怎么记得住哪一位是政府人，哪一位是党里人？而且，喝酒又要说敬酒词，我生来口讷，说得得体我不会，说得不得体又落个傲慢。敬领导要起立，一人敬全席起立，我腿有疾，几十次起来坐下又起来我难以支持。我又不善笑，你知道，从来照相都不笑的，在席上当然要笑，那笑搞不好就成了皮笑肉不笑，就要冷落席上的气氛。更为难的是我自患病后已戒了酒，若领导让我喝，我不喝扫了他的兴，喝了又得伤我身子，即使是你事先在我杯中盛白水，一旦被发现，也就全没了意思。官场的事我不懂，写文章又常惹领导不满，席间人家若指导起文学上的事，我该不该掏了笔来记录？该不该和他辩论？说是不是，说不是也不是，我这般年纪了，在外随便惯了，在家也充大惯了，让我一副奴相去逢迎，百般殷勤做妓态，一时半会儿难以学会。而你设一局饭，花销几千，忙活数日，图的是皆大欢喜，若让我去尴尬了人家，这饭局就白设了，我怎么对得住朋友？而让我难堪，你又于心不忍，所以，还是放我过去，免了吧。几时我来做东，回报你的心意，咱坐小饭馆，一壶酒，两个人，三碗饭，四盘菜，五六十分钟好好吃它一顿！如果领导知道了要请我而我没去，你就说我突然病了，病得很重，这虽然对我不吉利，但我宁愿重病，也免得去坏了你的饭局而让我长久心中愧疚啊。

第二辑

看 人

最好的风景是在街头上看人。嚼了口香糖,悠然悠然从一个商店门口踱到另一个商店门口,要买东西又似乎没多带钱,或衔一支烟的,立于电车站牌下要等一个朋友的,等得抓耳挠腮,火烧火烤。——遇得人交谈便掏出采访本来记的不是好记者,在口袋里插一支钢笔的是小学生,插两支的是中学生,插的更多了,就不再是更大的知识分子,是小贩,修理钢笔的。若故作了一种观察的姿势,且不说显出村相,街头立即会有诸多人驻下脚同你看一个方向,交通堵塞,警察就要举着警棒过来了。——知非诗诗,未为奇奇(这是书上写着的),把一切的有意都无意着,你真可潇洒一回,自由地看那好的风景了。

街头上的人接踵往过走,少小时候,大人们所讲的过队伍莫非如此?可这谁家的队伍没完没了,从哪里来?往哪里去?地理学家十次八次在报纸上惊呼:河流越来越干涸了。城市是什么?城市是一堆水泥,水泥堆中的人流却这般汹涌!于是你做一次孔子,吟"逝者如斯夫",自觉立于岸上的胸襟,但瞬间的灿烂带来的是一种悲哀:这么多的人你一个也认不识呀,他们也没一个认识你,你原本多么自傲,主体意识如何高扬,而还是作为同类,知道你的只是你的父母和你的妻子儿女,熟人也不过三五数。乡间的葬礼上常唱一段孝歌,说"人活在世上有什么好,说一句死了就死了,亲戚朋友都不知道",现在你真正体会到要出眼泪了。

姑且把悲苦抛开吧,你毕竟是来看人的风景的。你首先看到的是人脸,世上的树叶没有两片相同,人脸更如此。有的俊,有的丑,俊有不同的俊,丑有不同的丑,但怎么个就俊了丑了?你看着看着,竟不知道人到底是什么,怀疑你看到的是不是人?这如同面对了一个熟悉的汉字,看得久了就不像了那个汉字。勾下头,理性地想想,人怎么细细的一个脖子,顶一个圆的骨质的脑袋,脑袋上七个洞孔,且那么长的四肢,四肢长到梢末竟又分开叉来,形象多么可怕!更不敢想,人的不停地一吸一呼,其劳累是怎样的妨碍着吃饭、说话和工作啊!是的,人是有诸多的奇妙,却使作为具体的人时不易察觉而疏忽了。在平常的经验里,以为声音在幽静时听见,殊不知嚣杂之中更是清晰,不说街头的脚步声、说话声和车子声(这些声音往往是嗡嗡一团),你只须闭上眼睛,立即就坠入一种奇异的境界,听得到脖子扭动的声,头发飘逸的声,衣服的磨蹭声,这声音不仅来自你耳朵的听觉,似乎是来自你全身的皮肤。由此,你有了种种思想,也斜了每个人的形形色色的服饰,深感到人在服饰上花费的精力是不是太多了呢,为什么不赤裸最美好的人的身体呢,若人群真赤裸了身体,街头又会是什么样的秩序呢?据说人是曾有过三只眼的,甚至双乳也作目用,什么原因又让日渐退化消亡?小时候四条腿,长大了两条腿,到老了三条腿,人的生存就是这么越来越尴尬。谁也知道那漂亮的衣服里有皱的肚皮,肚皮里有嚼烂的食物和食物沦变的粪尿,不说破就是文明,说穿就是粗野;小孩无顾忌,街头上可以当众掀了裤裆,无知者无畏,有畏就是有知吗?树上有十只鸟,用枪打下一只鸟,树上是剩有九只鸟还是一个鸟也没有,这问题永远是大人测验小孩的试题,大人们又能怎样地给自己出类似的关于自身的考问呢?突然间,你有了一种醒悟,熊掌的雄壮之美是熊的生存需要而产生的,鹤足的健拔之美是鹤的生存需要而自然形成,人的异化是人的创造的文明所致。人是病了,人真的是病了,你静静地听着,街头的人差不多都在不断地咳嗽。

　　人行道的,那一边的,人都是脸和肚子朝前地走过来,这一边的,人又是屁股和脑勺在后地走过去。正面来的,可以见到美的傲的扬头的女子,看到低着脑门的深沉的男人。从每一个人的表情上,或严肃的,或微笑的,或笑不动容的,或有笑容无声的,你立即知道他们的职业是公安人员还是在宾馆做招待。看多了那些西装革履,夹着小皮包,露着凸凸的小肚的公司的大采购和个体的小老板,看多了额上密密皱纹,对上司是谦谦后生,待下级是大呼小叫的机关干部,看多了抬脚超步正经规矩又彬彬有礼的教师,长发如狮的画家,碎步吊臀的戏曲艺人,即便是服饰上没有明显标志,姿态上又缺乏特点,你只要侧耳听一听他们正说着的笑话,也便分辨出这是社会上的哪一类人了。中国人的笑话总是包含着性的成分,社会地位低的,从事简单劳动的总是围绕了性的实在的操作而衍义,知识分子的却津津乐道于一种感觉,而见面不能交心又不能不说话不亲近,就只讲同伙中的某某怎么对儿媳倒洗脚水呀,熬鸡汤买乳罩呀的,那百分之百是我们的有着相当权力的领导。好了,在山川看风景,有人喜欢丑石,有人喜欢枯木,但更多的人愿意欣赏芳草艳花,在街头看人的风景,你当然赏心悦目的是女人,当然是年轻漂亮的女人。那些并排走的,大声地说话,笑,表现了无限纯情的女孩子,她们步伐跳跃,如有弹簧,秀发飘动,如云如焰,你惊羡青春的气息,但气息表现在哪儿,你又说不清,却完全体会到了贾宝玉的"女孩儿是清水做的"感觉。最妖娆的是那些少妇们了,她们有极大方的,也有好腼腆的,年龄正当,阴阳互补,恰是长熟时期,其态媚人,如火之有焰,灯之有光,珠贝金银之有宝色。你为她们担心,街头的男人总是看她们,如果看一眼,眼珠就在被视物上留有痕迹,那么,她们的衣服上是一层又一层的眼痕,晚上回家脱衣一抖,满地都是能踩泡儿的眼珠子了。中午的太阳照着,她们的身影拖得很长,步行的或骑车的男人不远不近地跟着,总是要踩住她们的影子,企求合二为一,影子如果有感觉,影子无时无刻不在疼痛着。对于男人们的高度注意,当然你可以看出她们是乐意接受呢还是厌恶。乐意的恐怕百分之百,即使面对了很狠很馋的目光,说一声"讨厌!"那也说得十分得意。由此可想,法律若能按人的心理而定,那么要惩治一个少妇人,什么刑具也不要,只让世上的男人都不看她,不理她,这个女人就完了。作为一个女人,完全知道自己的美的价值,只是怎样利用这种价值而区别了她们的品格。吊膀的女人是吊膀女人的神气,温顺女人是温顺女人的神气,因美而贵,因贵而傲的女人,她们常常表现出目空一切,其实她们的内心最龙腾虎跃,她们只是有好的眼角余光,搭眼一扫便知道了每个男人的优劣和对她们的态度。她们最看不起那些小殷勤的男人,却会调动这些小殷勤而安全自处,她们更清楚对她们不献小殷勤的男人反倒深爱着她们,这不是老谋深算,也便是有心没胆,瞧,瞧,她们在以毒攻毒了,以同样的冷漠来增加自己的神秘和魅力,或是培养鼓动起胆怯者的大勇,偏要看到沉默的火山口喷发熔浆。想一想,到那时,她们刚的一面还有吗,其如水之柔情反倒是使任何温顺的女人都黯然失色了。

街头这边的人行道上,不可能看到走过去的脸面,但是,识人最好的是识脸面,脸面却不是唯一的。戏曲舞台上,演员登场常有背身而出,那肩臂的一高一低,那屁股的一抖一动,都有戏,便明白这是一个什么角色。赌博桌上,仅看着一双双参赌人的手,也就知道了这一个赌徒是多么迫不及待,那一个赌徒却早胸有成竹了。现在,看着前面卷着一个髻儿的,一脚端正,一脚外撇的水蛇腰的女人,你不妨张开你想象的翅膀吧(有趣的是,这种想象十有八次与事实相符):她是在商场工作吗?她坐在柜台的里边,鞋总是有意无意就脱了,口里在暗唱着一支歌,脚的趾头就十趾高下动着节奏,那指甲一定染过红的。发型盘那么个髻儿,脖子却黑瘦,她是在脸上涂了厚的脂粉却忘记了脖子和耳根,精美的小提包鼓囊囊的,是装着钱,还是一堆化妆品,甚或什么都没有,是一包卫生纸。这女人长在前边的眼睛一定在滴溜溜四处张望了,随时要对着一个熟人大声尖叫,她会跑过每一个橱窗前从玻璃里看自己形象,遇着一个整齐的男人心会怦然跳动,手不自觉地在理一下头发,会在她家的巷口与人挤眉弄眼地说谁家媳妇是骚狐子,进了门却踢蹬了高跟鞋就歪在沙发上喊累死我了,开始骂丈夫什么时候了,饭没做好?! 你看过了独个的人,也不妨看看一伙两个三个的人,那走势和说话的神态,能判断出这是夫妻,夫妻是结发夫妻,还是两副旧家具的一对新人,关系是亲是疏,家境是贫是富。或压根不是夫妻,是同志,是邻居,甚或是情人,这情人是才有了关系还是偷情了数年?你注意到了吗?立于人行道的这边,看男人对女人的回头率是最好的角度了。男人的禀性永远是看着别的女人好,他们即使在家里有美貌的妻子,即使与妻子和睦亲爱,他们不分老少丑美,但凡在街头见着漂亮的女人,没有不投一眼过去的。有原本慢悠悠骑车而行的,猛地发现了前后有可观的,或故意减速,让那女的前行,看了后影又忍不住要看脸面,疾驶前行,在那平行的瞬间,头就扭动了。这一瞥的惊美,或是永留记忆,常忆常新,引无限冲动,或是一小时、几分钟后淡然忘却,或是看了后影,期望值太高,再看脸面甚是失望,这就要无声地自己嘲弄自己了。你常会发现那些与漂亮女人保持距离的男人,身子弓下去,头却仰扬着,这男人一定是在做一种祈祷：这女人如果能进前边的一个巷子去，这女人或这类女人是与我有缘的，以后便能接触。所以，这样的男人就要在一个巷口把头耷拉下来，因为那女子并没有进他所企望的巷口，而提前拐进了另一个巷口，或者如愿以偿，这便是街头常有男人突然哼了歌子的原因。男人的这种禀性若认作是卑鄙，世上就全是流氓，不，他们是在表现着爱美。这个时候，你就觉得人生是多么好，男人是多么好，如果一个男人见到漂亮的女人不愉悦，那这男人干什么事情还有激情，有创造力呢？男人是创造世界的，女人是征服男人的，事情就是这样。当然了，街头上仍是有淫邪的男人的目光，年轻而从未有接待过女人经验的，夫妻感情破裂，长期分居的，干脆就是色鬼流氓，知其肉不知灵的，他们百无聊赖，就蹲于街房墙根，斜眼上瞧，专看那女人走过的刹那胸部位的耸动，然后低下头去，用手使劲地捻一下无可奈何的一张僵脸，响响地咽一口唾沫了。或者一只脚踏在栏杆的铁链上，胳膊又撑在膝盖上顶着一颗脑袋，一边看一边摇晃铁链，他们哀叹美女如云，怎么自己的老婆那么丑呢？能解脱的想，河里的鱼再好，没碗里的鱼好，哪一个女人娶到家来都会变丑的吧。解脱不了的，就骂：世上的好女人都是让狗×着！

在街头看人的风景，你实在是百看不厌，初人城市的乡民怎样干路心张望，而茫然不知往哪里走，警察的指手画脚，小偷制造拥挤，什么是悠闲，什么是匆忙，盲人行走，不舍昼夜，醉汉说话，唯其独醒。你一时犯愁了，这些人都在街头干什么，天黑了都会到哪儿去,怎么就没有走错地方而回到自己家里?如果这时候一声令下,一切停止,凝固的将是怎样的姿势和怎样的表情?突然发生地震,又都会怎样地各自逃命?每个人都是有他的父亲和母亲的,街头的人流,几十年前,同样流过的是这些人的父母吗?几十年后,流过的又是这些人的儿女吗?如若不是这样,人死了会变成鬼,鬼仍活在这个世上,那么一代代人死去仍在,活着的继续生出,街头该是多么的水泄不通啊!世界上有什么比街头丰富呢?有什么比街头更让你玄思妙想呢?在地铁入口,在立交桥头,人的脑袋如开水锅冒出的水泡,咕噜咕噜地全涌上来;蹾下来,平视着街面,各式各样的鞋脚在起落。人的脑袋的冒出,你疑惑了他们来自另一个世界的神秘,鞋脚起落,你恐怖了他们来在这个世界要走出什么样的方阵。芸芸众生,众生芸芸,这其中有多少伟人、科学家、哲学家、艺术家、文学家,到底哪一个是,哪一个将来是?你就对所有人敬畏了,于是自然而然想起了佛教上的法门之说,认识到将军也好,小偷也好,哲学家也好,暗娼也好,他们都是以各自的生存方式在体验人生,你就一时消灭了等级差别,丑美界限,而静虚平和地对待一切了。

进入到这样的境界,你突然笑起来了:我怎么就在这里看人呢?那街头的别人不是也在看我吗?于是,你看着正看你的人,你们会心点头,甚或有了羞涩,都仰头看天,竟会看到天上正有一个看着你我的上帝。上帝无言,冷眼看世上忙人。到了这时,你境界再次升华,恍惚间你就是上帝在看这一切,你醒悟到人活着是多么无聊又多么有意义,人世间是多么简单又多么复杂。这样,在街头上看一回人的风景,犹如读一本历史、一本哲学,你从此看问题、办事情,心胸就不那么窄了,目光就不那么短了,不会为蝇头小利去勾心斗角,不会因一时荣辱而狂妄和消沉,人既然如蚂蚁一样来到世上,忽生忽死,忽聚忽散,短的数十年里,该自在就自在吧,该潇洒就潇洒吧,各自完满自己的一段生命,这就是生存的全部意义了。

我的老师

我的老师孙涵泊,是朋友的孩子,今年三岁半。他不漂亮,也少言语,平时不准父母杀鸡剖鱼,很有些良善,但对家里的所有来客却不瞅不睬,表情木然,显得傲慢。开始我见他只逗着取乐,到后来便不敢放肆,认了他是老师。许多人都笑我认三岁半的小孩为师,是我疯了,或耍矫情。我说这就是你们的错误了,谁规定老师只能是以小认大?孙涵泊!孙老师,他是该做我的老师的。

幼儿园的阿姨领了孩子们去郊游,他也在其中。阿姨摘了一抱花分给大家,轮到他,他不接,小眼睛翻着白,鼻翼一扇一扇的。阿姨问:你不要?他说:"花疼不疼?"对于美好的东西,因为美好,我也常常就不觉得了它的美好,不爱惜,不保卫,有时是觉出了它的美好,因为自己没有,生嫉恨,多诽谤,甚至参与加害和摧残。孙涵泊却慈悲,视一切都有生命,都应尊重和和平相处,他真该做我的老师。

晚上看电视,七点前中央电视台开始播放国歌,他就要站在椅子上,不管在座的是大人还是小孩,是惊讶还是嗤笑,目不旁视,双手打起节拍。我是没有这种大气派的,为了自己的身家平安和一点事业,时时小心,事事怯场,挑了鸡蛋挑子过闹市,不敢挤人,唯恐人挤,应忍的忍了,不应忍的也忍了,最多只写"转毁为缘,默雷止谤"自慰,结果失了许多志气,误了许多正事。孙涵泊却无所畏惧,竟敢指挥国歌,他真该做我的老师。

我在他家书写条幅,许多人围着看,一片叫好,他也挤了过来,头歪着,一手掏耳屎。他爹问:"你来看什么?"他说:"看写。"再问:"写的什么?"说:"字。"又问:"什么字?"说:"黑字。"我的文章和书法本不高明,却向来有人恭维,我也是恭维过别人的,比如听别人说过某某的文章好,拿来看了,怎么也看不出好在哪里,但我要在文坛上混,又要证明我的鉴赏水平,或者某某是权威,是著名的,我得表示谦虚和尊敬,我得需要提拔和获奖,我也就说:"好呀,当然是好呀,你瞧,他写的这副联,'××××××××,×××××××春',多好!"孙涵泊不管形势,不瞧脸色,不斟句酌字,拐弯抹角,直奔事物根本,他真该做我的老师。

街上两人争执,先是对骂,再是拳脚,一个脸上就流下血来,遂抓起了旁边肉店案上的砍刀,围观的人轰然走散。他爹牵他正好经过,他便跑过去立于两人之间,大喊:"不许打架!打架不是好孩子,不许打仗!"现在的人很烦,似乎吃了炸药,鸡毛蒜皮的事也要闹出个流血事件,但街头上的斗殴发生了,却没有几个前去制止的。我也是,怕偏护了弱者挨强者的刀子,怕去制伏强者,弱者悄然遁去,警察来了脱离不了干系,多一事不如少一事,还是一走了之,事后连个证明也不肯做。孙涵泊安危度外,大义凛然,有徐洪刚的英勇精神,他真该做我的老师。

春节里,朋友带了他去一个同事家拜年,墙上新挂了印有西方诸神油画的年历,神是裸着或半裸着,来客没人时都注目偷看,一有旁人就脸色严肃。那同事也觉得年历不好,用红纸剪了小袄儿贴在那裸体上,大家才嗤嗤发笑起来,故意指着裸着的胸脯问他:"这是什么?"他玩变形金刚,玩得正起劲,看了一下,说:"妈妈的奶!"说罢又忙他的操作。男人们看待女人,要么视为神,要么视神是裸肉,身上会痒的,却绝口不当众说破,不说破而再不会忘记,独处里作了非非之想。我看这年历是这样的感觉,去庙里拜菩萨也觉得菩萨美丽,有过单相思,也有过那个——我还是不敢说——不敢说,只想可以是完人,是君子圣人,说了就是低级趣味,是流氓,该千刀万剐。孙涵泊没有世俗,他不认作是神就敬畏,烧香磕头,他也不认作是裸体就产生邪念,他看了就看作是人的某一部位,是妈妈的某一部位,他说了也就完了,不虚伪不究竟,不自欺不欺人,平平常常,坦坦然然,他真该做我的老师。

我的老师话少,对我没有悬河般的教导,不布置作业,他从未以有我这么个学生而得意过,却始终表情木然,样子傲慢。我琢磨,或许他这样正是要我明白"口锐者天钝之,目空者鬼障之"的道理。我是诚惶诚恐地待我的老师的,他使我不断地发现着我的卑劣,知道了羞耻,我相信有许许多多的人接触了我的老师都要羞耻的。所以,我没有理由不称他是老师!我的老师也将不会只有我一个学生吧?

在米脂

> 走头头的骡子三盏盏的灯，
> 挂上那铃儿哇哇的声。
> 白脖子的哈巴朝南咬，
> 赶牲灵的人儿过来了；
> 你是我的哥哥你招一招手，
> 你不是我的哥哥走你的路。

在米脂县南的杏子村里，黎明的时候，我去河里洗脸，听到有人唱这支小调。一时间，山谷空洞起来，什么声音也不再响动；河水柔柔的更可爱了，如何不能掬得在手；山也不见了分明，生了烟雾，淡淡地化去了，只留下那一抛山脊的弧线。我仄在石头上，醉眼蒙眬，看残星在水里点点，明灭长短的光波。我不知这是谁唱的。三年前，我听过这首小调的唱片，但那是说京腔的人唱的，毕竟是太洋了，后来又在西安大剧院听人唱过，又觉得抒扬有余，神韵不足。如今在这么一个边远的山村,一个欲明未明的清晨,唱起来了,在它适应的空间里,味儿有了,韵儿有了。

这是极俏的人,一头淡黄的头发披着,风动便飘忽起来,浮动得似水中的云影,轻而细腻,倏忽要离头而去。耳朵一半埋在发里,一半白得像出了乌云的月亮。她微微地斜着身子,微微地低了头,肩削削的,后背浑圆,一件蓝布衫子,窈窕地显着腰段。她神态温柔、甜美,我不敢弄出一点响动,一任儿让小曲摄了魂去。

歌唱的,是一位村姑。在上岸的柳树根下,她背向而坐,伸手去折一枝柳梢,一片柳叶落在水里,打个旋儿,悠悠地漂下去了。

这是一首古老的小调,描绘的是一个迷人的童话。可以想象到,有那么一个村子,是陕北极普通的村子。村后是山,没有一块石头,浑圆得像一个馒头,山上有一二株柳,也是浑圆的,是一个绿绒球。山坡下是一孔一孔窑洞,窑洞里放着油得光亮的门窗,窑窗上贴着花鸟剪纸,窑门上吊着印花布帘,羊儿在岸畔上啃草,鸡儿在场垴上觅食。从门前的小路上下去,一拐一拐,到了河里,河水很清,里边有印着丝纹的石子,有银鳞的小鱼,还有蝌蚪,黑得像眼珠子。少女们来洗衣,一块石板,是她们一席福地。衣服艳极了,晾在草地上,于是,这条河沟就全照亮了。

那么一个姑娘,该叫什么名字呢?她是村里的佼佼者。父母守她一个,村里人爱她,见过她的人都爱她。她家在大路口开了饭店,生意兴旺。进店的,为了吃饭,也为看见她。她却最是端庄,清高得很,对谁也不肯一笑。

姑娘有姑娘的意中人,眼波只属于清风,只属于他。他是后山的后生,十八岁或者二十岁,每天要从这里路过去县上赶脚。进得店来,看见她,粗茶淡饭也香,喝口凉水也甜,常常饥着而来,待会便走,不吃不喝也就饱了。她给他擀面,擀得白纸一张,切面,刀案齐响,下到锅里莲花转,捞到碗里一窝丝。她一回头,他正看她,给她一笑,她想回他个笑,但她却变了脸。他低了头,连脖子都红了,却看见了桌布下她露出的两只鞋尖。她看出他的意思了,却更冷了脸儿,饭端上来,偏不拿筷子。他问;她说:"在筷笼,你没长手?"他凉了心,吃得没味,出去了。她得意地笑,终于恨他,骂他"屠头"。

他几天竟不来了,她坐在家里等。等得久了,头也懒得梳,她说:"不来了,好!"但却哭了。

天天听见门外树上的喜鹊叫,她走出来,却是他在用石打那鸟儿。她愣了,眼泪都流了出来。他瞧着她喜欢,向她走来,她却又上了气:"为什么打鸟?""我恨!""恨鸟儿?""它住在这里。""那碍你什么了?""也恨我。""恨你?""恨我不是鸟儿!"她想了想,突然笑了。他一看她,她立即面壁不语。他向她走近来,她却又走了,一直走到窑里。只想他会一挑帘儿进来,回头一看,他没有进来,走出窑看时,他却走了,边走边抹着眼泪。

她盼他再来。再盼他来。他却再也没来。每天赶脚人从门口来往,三头五头的骡子,头子缠着红绸,绸上系着铜铃,铜铃一响,她出门就看,骡子身上架着竹筐,一边是小米、南瓜、土豆,一边是土布、羊皮、麻线,他领头前边走,也她一眼,鞭儿甩得"叭叭"地响,走过去了。

一次,两次,眼睁睁看他过去了,她恨自己委屈了他,又更恨那个他!夜里拿被子堆一个他,指着又骂又捶又咬,末了抱住流眼泪。等着他又路过了,她看着他的身影,又急切切盼他能回过头来,向她招一招手……

小调停了,我却叹息起来,千般万般儿猜想,那后生是招了招手呢,还是在走他的路?一抬头,却见岸那边走来一个年轻人,白生生赶了一群羊,正向那唱小调的村姑摇手。村姑走了过去,双双走到了岸那边的洼地,坐在深深的茅草丛中去了。茅草在动着,羊鞭插在那里,是他们的卫兵。

我悄悄退走了,明白这边远的米脂,这贫瘠的山沟,仍然是纯朴爱情的乐土,是农家自有其乐的地方。

关于女人

如果作理性的分析，一个女人，既然是仅属于女性的人，其形象的美与丑是没有什么意义的，但实际的情况是，每一个男人，包括最理性者，见到一个具体的、活生生的、漂亮的女人，没有不产生异样感觉的。成语词典里，美女被比作花，比作月；贾宝玉感慨女人是清水做的，我们或许嘲笑这是情种们的言论，但沈从文说过，女人是天使和魔鬼合作的产物，甚至胡适先生谈佛的戒色，主张见到美女就立即想她老了的形象，想她死后的一副骷髅，这岂不暴露了美女仍对他们有着强大的诱惑，只是无可奈何地逃避罢了。真正有点不注重了女人美丑的是那些偏僻乡间的贫困的老大不小的光棍汉，"尾巴一揭是个女的"。他们认为，只要能娶来在他的土炕上就行了。他们对于美的女人有不属于自己的潜层意识。如同我们身为机关科员，平日眼盯着科长、处长的位子，而从来没有要当国家主席的念头，即使去了一趟中南海，也不至于流连忘返，夜不成寐。可这些身子很饥渴的光棍汉毕竟还要说："什么美的丑的，灯一拉还不都一样吗？"他们在婚后也就至死不点了灯行房事，可见对女人之美的愉悦是男人共有的，对美女的追求只阻于穷，穷不择妻。

可以说，社会发展到今天，妇女解放的口号呐喊了几个世纪，但世界还根子里是男人的。任何男人，不管说与不说，还是以外表的感觉首先对一个初识女人采取态度，恋爱中的"一见钟情"被歌颂得十分美妙，一见钟情的当然是外貌。每个男人都希望自己的老婆长得漂亮，诚然漂亮的标准异人异样，且人人都是那么择着，最后没有剩下的，如挑到底卖到完的桃子。而女人呢，也习惯了拿自己的漂亮去取悦男人，"为知己者容"，瞧，说得似乎高尚，其实一把辛酸。一个不引起男人注意的、不被男人围绕着殷勤的女人，这女人要么自杀，要么永不出户，要么发誓与命运抗争，刻苦磨炼一种技艺而活着。哪个女人不企图提高街头上的回头率呢，即使遇上了太馋的目光，场面难堪，骂一句"流氓！"那骂声里也含几分得意。现在社会上的商店，几乎全是为女人开设，出售着大量的衣服和化妆品，百分之八十的杂志封面刊登的是女人的头像，好像这个世界是女人的，其实这正是男人世界的反映。男人们的观念里，女人到世上来就是贡献美的，这观念女人常常不说，女人却是这么做的。这个观念发展到极致，就是男人对于女人的美的享受出现异化，具体到一对夫妇，是男人尽力为女人服务，于是，一些蠢笨的男人就误认为现在是阴盛阳衰了。三十年代有个很有名的军人叫冯玉祥的，他在婚娶时问他的女人为什么嫁他，女人说：是上帝派我来管理你的。这话让许多人赞叹。但想一想,这话的背后又隐含了什么呢?说穿了,说得明白些,就是男人是征服世界而存在的,女人是征服男人而存在的,而征服男人的是女人的美,美是男人对女人的作用的限定而甘愿受征服的因素。懂得这层意思的,就是伟大的男人,若是武人就要演出"英雄难过美人关"的故事,若是文人就有"身死花架下,做鬼也风流"的诗句。而不懂这层意思,便有了流氓,有了挨枪子的强奸罪犯。

明白了这个世界仍是男人的,女人也明白了自己的美的作用,又不被美而被动了自己的人格,又使美能长长久久为自己产生效力,女人该怎样地去活呢?上帝创造万物原本公正平衡,古有杞人忧天,天是永远不会塌下来的,即使地球爆炸了,仍有供人生存的星球。过去我们以木取火,眼看着山上的树木被砍了回家烧饭,树砍光了,连树根也刨了,就害怕某一日用什么来烧饭呢。但后来就有了能燃烧的叫煤的石头,煤的石头挖尽了,又有了电,或许将来没有了电,烧饭的燃料就会出现别的。男女既为人类的两半,从来没有男为多半,女为少半,两半同中有异,异而相吸,谁也离不得谁。相吸的是以性为磁的,性是人类同吃同喝一样重要的一种欲,性欲的刺激是以人之外貌美好为点,而欲是创造世界的原动力,这也正是上帝造人之所以分为男女的秘诀所在。对于性这种欲的冲动,人类在有了文明后带有两种说法,一是称作爱情,给以无以复加的歌颂,作为所有艺术的永恒专题;一是斥为色情,给以严厉的诋毁和鞭挞。可是,谁能说清爱情是什么呢,色情又是什么呢?它们都是精神的活动，由精神又转化为身体的行动，都一样有个"情"字，能说是爱情是色情的过滤，或者说，不及的性就是爱情，性的过之就是色情吗？不管怎么说，它们原是没区别的。女人大约有分为几个型的，如贤妻良母型和轻佻放荡型等等，又有以别的角度分为两大类的，即大家闺秀和小家碧玉。这种种类型，实质是男人的目光所见。好多男人喜欢的是轻佻放荡的女人，希望招之，女人就会来之，在一起说，笑，打情骂俏，但他们常常不愿这样的女人成为他们的妻子，对于妻子，却要求永远忠于他们，视丈夫以外的男人为石头木头，女人们到底将要全部作为妇人的。如果都对自己的妻子严格限制，天下哪儿又有供自己风流的女人呢？这就是男人最矛盾的地方，所以男人在某种意义上讲是最自私和丑恶的动物。女人之所以要做真正的女人，首先要懂得男人的秉性：男人是朝三暮四的，是喜新厌旧的，是吃了碗里看在锅里的，不胡思乱想的男人不是男人，所谓的在性上的高尚与卑下的男人之分是克制的力量强弱，是环境的允许与限制，是文化重负下的犹豫和果断。孔子说女人和小人难养，远之不行，近之不行，男人更是这样，常常有男人以占有过众多女人为荣耀，以至到最后，乐道的只是数字而无法记忆起某个女人的名姓和形象；也有男人家有美妻仍立于街头感慨美女如云，觉得每一个都胜过家中的那位，若他真的又娶了街头最美的一个，不久又会觉得此不如彼。爱是得不到的为爱，可望不可即，女人如果是一条总在手指间滑脱而去的泥鳅，男人就有了苍蝇一样的勇敢。于是，聪明的女人要使自己永远被男人看重，做了妻子永远要获得丈夫的宠爱,她应追求的不是让男人占有,也不占有男人,和让男人占有,也占有男人,转换这种关系的是一种平等,一种自我的独立。以自我而活,活有个性,活有热情,这就常活常新,正是这种常活常新,恰好符合了男人的那份易于疲倦的贱的秉性,使他们有了新鲜感,有了被吸引力。这结局虽然同讨好男人要企图达到的目的一样,但质发生了变异。可惜在这个男人的世界里,许多的女人不知道了怎样做女人,长得美固然是一份资本,但形象之美能从小保持到老吗?以美色之貌满足男人,美色之祸男人必然厌恶,且世上美貌有各式各样的美貌型,以其之一怎能囊括全部而统治男人的吃了五味想六味呢?以轻佻放荡取悦,轻看了自己,什么样的男人都要轻看你。太爱听赞美的话,就易使男人阴谋得逞,顺竿而爬。太善良,对男人太好,又易使男人产生错觉,膨胀一份贼胆。

可以说现在有相当多的女人不满男人的世界,却错误地一心要做女强人。常常听到有做母亲的在培养女儿做撒切尔夫人,撒切尔夫人之所以被称为铁女人,那是指政治而言,她们的理解,女人就要风风火火,就要慷慨激昂,好争好斗,如猛虎狮子。男人在主导着这个世界,这已经是人类的不幸,如若某一日女人也主导了这个世界,那同样是人类的不幸。男人就是男人,女人就是女人,男人与女人两极发展,这才是真正的男人和女人,才是上帝造人的原意,男者不男,女者不女,反倒使阴阳世界看似合一,实则不平衡了。

独立做女人的人格,热情地对待生活,对待自己,为自己而活着,活得美好,女人越会对男人产生永久的吸引,这就是平等,与男人平等是真正地活出了女人味。有了这种与男人平等地生存于世上,平等地做夫妻的女人味,或许长得漂亮,或许长得不漂亮,但自然而然地就产生了你的态。态是古时用语,态无法言说,类似当今人所谈的气质和风度。女人的漂亮不会永驻,女人的态却长伴终生。李渔讲女人有态,三分漂亮可增加到七分,女人无态,七分漂亮可降落到三分,它如火之有焰,如灯之有光,如金银之宝气。态当然有天生具有的,但更多是后来可培养。古时候,有态的女人是声名显赫的妓女,妓女在那时是以男人而活着的附属物,但往往成为棋琴书画俱佳的高等艺妓,却成了活得与男人平等活着的最自为的人,所以最有了态。现在当然没必要只有牺牲自己,渡过血与泪的深渊而出于污泥成莲荷,已经是有气质和风度的女人越来越多,这是社会的进步,女人们这么活下去,活着的才真正是女人。

观球（一）
——观看 2002 年世界杯足球赛

一

我不会踢足球，但足球需要观看者。感谢科学发明了电视机，坐在家里可以直接面对了日韩赛地。我的秉性是不习惯太热闹，平日不大亲赴现场，看电视又不愿意吆三喝四，六月，神祇降临的日子啊，我将稳稳地坐在家里，把老婆孩子都隔离开，独自要享受足球了。

亲爱的读者，从今天起我借《华商报》的一角开辟我的专栏，请你们容忍我的秃笔。这是因为我是作家，写作是我永远改不掉的一种病。还有一个原因，是人类生活的富裕产生了足球运动，足球带给我们了欢乐，而我坚信世界杯的欢乐肯定是巨大的，在满足了我卑微的身心之后仍有剩余，就只有再用笔写出文字了。

文字让我更容易自由，它本身就是目的。

二

进入世界杯,中国人终于捅破了窗户纸,原来成功与失败、荣与辱,竟就在毫厘之差啊!它的意义并不在于中国队在决赛期能走得多远,而是改变了我们的心态:不再浮躁,从此沉着;不再偏激,从此雍容。

朝圣就要到圣殿去。上过大学和没有上过大学绝对有文野之分。

曾经有人问道:谁将是这届世界杯的冠军?米卢说:现在的中国队已经是冠军了!我在报纸上读到这则消息的那天,一个朋友拿着远方的女儿发给她的传呼留言给我看,留言是:不是在放纵中变坏,就是在沉默中变态。这位女孩子是已经在爱了,但她太需要一次成功的爱。

久旱的夏季,我们眼巴巴盯着天空上飘过一朵又一朵的云彩,怨恨过,无奈过,甚至暴戾着打过孩子和摔过茶杯,突然哗哗哗的一场大雨,所有人都会到雨地里欢呼。试想想,如果没有这场雨,农村的田里要减多少产,城市的空调机要耗多少电,一场雨省下来的是亿万的资金,更慰藉了多少人心使天下安定啊。

三

人类生存于不同的地域形成了民族,各民族过日子的方式产生了他们的文化。我们遗憾不能走遍地球,有幸却在球场上看到了一切。

揭幕赛上的法塞之战,是一场穷人对富人的胜利。法国人是高贵而华丽的,这从他们国歌里就能领略到。对于这样的强队,获得亚军就是失败。他们或许轻视着塞内加尔,或许考虑更远的战程,所以他们害怕受伤,不积极拼抢。而塞内加尔呢,一条光棍,拼一场就是一场,正如赛后他们总统的话:我们已经够了,可以回家了!爆冷能带给我们欢乐,人性的弱点就是喜欢反动。但是,历来的世界杯赛,黑马都是颜色易退的。我们不指望从塞内加尔队的身上看到中国队的影子,他们除了天生的身体条件外,你听听他们的国歌,看看他们那一张张丑而极能表现的脸,我们有那一种轻松和活泼吗?

昨天夜里,那一伙围着球衣舞蹈的黑孩子让我们激动,今天早晨,我们却不必为法兰西而哭泣。

四

球迷迷的并不是球,而是自己,和与自己有关的球。在家看爱尔兰和乌拉圭的比赛,因为雷科巴长得像中国人,就倾向了乌拉圭,可惜乌拉圭却输了。去"皇城老妈"吃火锅,正吃,人乱起来,嚷嚷楼下的"圣淘沙"茶社电视上转播德国队对沙特队,忙丢了筷子往下跑。中国队还未出场,沙特毕竟是亚洲的,当然得给他们鼓劲了。可怜的沙特人,住在沙漠里偏要穿绿衣,又黑又瘦,像一群蚂蚁,不断地被撞翻在地。当德国人踢进了三个球,我们是同情的,同情得几乎要流下眼泪,开始骂德国佬在欺负人了。但是,随着沙特的球门一次又一次被洞穿,同情已无法再同情了,滑稽的场面使我们大笑。实力不够肯定是要挨打,沙特人战术的错误和战斗意志力的缺乏,只能是失败再加上羞辱。沙特人是有钱的,但钱与精神无关。

乌拉圭虽然输了,我却喜欢这支球队,一是喜欢那些长发飘飘的男子,他们长得很帅。中国的男人一帅就女性化了,南美的帅男人却更像男人。二是电视上不止一次出现过这样的镜头:当球射偏后,抬头仰望着,眼里充满了一种向天上神灵祈盼的神色。人是需要敬畏的,需要宗教感,即使失败了,我们也会为悲壮而感动。

五

对足球的认识,也是对生命的认识。费新我的右手残了,只能用左手,他发展了自己的左书艺术;任哲中的嗓音沙哑,他在沙哑中形成了独特的唱法。欧洲人和南美人因其身体和性格的差异,他们对于足球的观念就完全不同。

英格兰与瑞典的对阵,使我想起文学界的所谓"主流文学",呆板是呆板,甚至粗糙不堪,但雄壮而煽情。他们类似于野战军,场面令人生畏,容易让我们为中国队丧失自信。阿根廷和尼日利亚的对抗则使我领略了什么是足球的天才,尼日利亚人几乎全是光头,阿根廷又都是长发,他们是一群艺人,表演着如文学上的"有意味的形式",胜负当然是首位,可从某种意义上讲,形式也就是目的。

历史是人民群众创造的,历史记录下来的,却常常是帝王将相才子佳人。足球靠整体,而没有球星的球队将是平庸的。没有欧文和贝克汉姆,英格兰还算强队吗?缺少了巴蒂,我们还看阿根廷什么?球迷永远是在注视着英雄和没有英雄的局面啊。

六

巴西人可以在预选赛上一输再输,可以在决赛场上让别人先进球,但不能怀疑他们的胜利。巴西用不着谁赞扬或者诋毁,它如同大山,你添一块石头它是那么高,你搬一块石头它还是那么高。罗纳尔多长得像一只兔子,小罗纳尔多又像一条狗。都说罗马里奥是独狼,其实里瓦尔多才是一副狼相。他们如果不是一群精怪,就一定是天之骄子。同情了丑人,我们总是在丑中寻出一点美来安慰丑人也安慰我们,羡慕着美人,却极力要找美人的一些缺陷。巴西队的好让我们常常生出小小的坏心,盼望他们闪失;但若是巴西队失败了,即使胜利者是中国队,我们也会沮丧的。

土耳其人是我们中国队的对头,他们的任何不幸或许对我们都是好消息,但是,他们的失败是一场玉碎。土耳其人没有读过中国田忌与齐王赛马的故事,不会以下驷对上驷、以上驷对中驷、以中驷对下驷的阴谋,结果必然地没有胜过巴西,反倒得到两张红牌。我想,如果C组首先是中国队对巴西队,中国队绝不会拿鸡蛋硬碰石头的,不是吗,传来的消息中,中国队还未针对巴西演练什么,而是将一切力量用在死拼哥斯达黎加。中国人是狡猾的,但这种狡猾会使中国队在很长的时间里将只能是弱者。

七

中国队和哥斯达黎加的战术思路差不多,这是两个皆为弱队的原因。双方都踢得很狠,但不精彩。

中国队容易动作变形,因为我们是苦难的民族,足球又处于自卑地位,功利性强,压力大。但这次中国队并不紧张,紧张的倒是我自己。中国队的不紧张是米卢的功劳,他的快乐足球带给了我们新的思维。它的启示是:对于中国人,任何技艺都要建立新的思维。

但是,我们输了。我们输得并不丢人,我们的队员都尽了力,米卢的变化也智慧,只是我们的实力有限。不必垂头丧气,我们应该幽默起来,说:我们所攻的大门是太大了。

永远支持中国队。孩子们在考场,我们在考场外,孩子考得不好我们能怎么样呢,瞪一眼,还得拍拍孩子的脑袋给予安慰和鼓劲,毕竟还要考几场。

前几天,电视上有个镜头:全球都在为足球欢乐的时候,印巴正仇恨着要战争,而一个孩子在废墟里寂寞地颠着足球。我们还是幸运的。

八

看过了中国队与哥斯达黎加队的比赛,突然间没有了要看下一场赛事的急迫;我知道我做球迷不纯粹,只是个狂热的爱国者。

但球还是要看下去,就和朋友一边"挖坑"一边看吧。俄罗斯和美国是世界上最强大的国家,俄罗斯的足球曾经了得,但现在没落了;美国人喜欢上足球的时间不长,却干什么事情都那么自信,太自信了,就自信得不可一世。六四不是个好日子,中国队输了,美国队却在大批保安的护卫下赢得了胜利,他们胜利的是他们的那种霸气。

球场是神秘的,主宰者是神或者是魔。美国队和葡萄牙队的比赛是魔在值班,它导演着好莱坞电影。

九

因为有侵华的历史,又因为近年来日本右翼的猖獗,我对日本人好感不多,但在世界杯中,我尊重了这个民族。他们血性里的狠和犟使其从来都有野性,他们更能让我们自愧不如的是能很快很好地吸收外来的东西而贯注自己的精神。瞧这个队的所有队员都染了黄毛,似乎他们已不愿意承认自己是亚洲的,或者说,他们想成为亚洲的巴西和法兰西。

同是亚洲队,日本和韩国的比赛可以说是职业拳击,而中国队与哥斯达黎加的那场,则成了中年妇女的打架。中年妇女的打架狠是狠,只是抓脸和揪头发的乱打,乱打是最费力气的。

没有感觉是中国队与日本队、韩国队的差距。有感觉有如神助,人就是超人;没感觉便是笨人,笨人干活就累。

日、韩比我们强大了,这要承认,虽然承认是痛苦的。我们需要卧薪尝胆。人是需要服的,不服一人或见人就服那都是妄人。

十

如果球员在场上动作变形,或者急得像没头苍蝇一样乱撞,这不是自卑的表现,也是少见世面。乡下的孩子和城里的孩子差异不在于智慧,而在于经见世面的多少。葡萄牙队企图以菲戈的威名让美国队丧胆,美国队却说:菲戈是谁?美国人的自信使他们的想象力生出了翅膀。你或许说这是魔鬼在作祟,但魔鬼确实导演了一场好莱坞电影。

塞内加尔精彩了揭幕战后,小组赛第二轮又踢了一场好球。与丹麦队的较量,双方并不在比速度,而在看谁能控制。整个场面如河流,但河流得不畅,只是在卷漩涡儿。会骑自行车的骑得最慢,能歌唱的能唱出低音。黑黑的塞内加尔人为非洲长了脸,我们不能不为他们鼓掌。

法国队成了落难的公子,看着站在场外一脸木呆的教练,我为他感到了可怜,更不知因伤不能上场的齐达内在怎样地叹息?这或许是天意吧。如果说将军辈出的年代人民的苦难愈多,那么,一个球队出现了一个伟大的球星,是这个球队的幸运,也是这个球队的灾难。

十一

有一句古语:持其志毋暴其气。当法国队和乌拉圭队踢了一场很粗野的球后,尼日利亚队和瑞典队却是文明之师,激烈而少犯规。观看这样的比赛,如我们吃一顿美餐,没有出现汤里有苍蝇,也没有石子硌牙。但尼日利亚输了,输在那门柱上。球场上是神秘的,对于尼日利亚人来说,这回比赛是魔鬼在门柱上值班。十六强后我们再也不能见到这群黑人,尤其梳着小蒜苗辫的如中国戏台上小丑的那个后卫,但他眉骨开裂,当场缝合又冲入球场的形象将长久地让我们敬而亲之。

三十七岁的门将奇拉维特是巴拉圭队的灵魂,曾经多么暴躁的一头老虎!与西班牙队的对抗中,老虎的脾气安静了,可没有了暴躁的老虎也就没有了威风,或许他真的是老了。年龄对于足球如同对于女人一样可怕。

有竹风才显形,阿根廷人的长发飘起来,象征着他们的速度。阿英之战,我为巴蒂发出了周瑜之叹:天啊,既生巴蒂,何必又生欧文?!

英格兰是胜利了,但我不喜欢他们。保守的美国人真能守,如果他们的个头都不是那么高就好了。

十二

我们肯定是要死的,所幸遇到了大英雄而不是街头泼皮;牡丹花下的鬼,毕竟还风流。

如果指望赢,那是我们看球人的错。

输给了哥斯达黎加队,我们可以骂。巴西踢赢了我们,我们很平静,还可以喝酒,还可以说笑。在赞叹着罗纳尔多和卡洛斯的技艺高强时,也为李玮峰李云龙的防守叫好,为马明宇称道。

当第一场球输后,国内指责声不绝,又开始否定米卢,这是我最看不起的。输了就是输了,明摆着实力不够。输了,又输不起,这就是我们的丑陋。我们到世界杯上来应该是以输来的,种下麦子,收获了麦草,而收获了麦草也就明白了以后怎样才不至于仅收获麦草。

和我在一起看球的朋友说:与其这样,真不如不出线的好。我说:不出线就如同那些一辈子没去过县城的山村老太太,不失败就永远不会胜利,宁在家门外痛快地死一回,也不要在门背后妄自做霸王。

我们不能进入十六强,很可能实现不了既定的目标,但中国队做了一次逐日的夸父。

十三

我们都关注日本和俄罗斯的对抗时,又观看了世界拳王之战。六月九号,是我们眼睛的生日。

我知道有许多人一直在咒着泰森的消失,但这个野兽般的人物又出现在了拳坛。西方人的价值观和我们不同,实力是决定一切的,或者说,金钱是决定一切的。泰森这次没有赢,在刘易斯的重拳下,他的眉棱开裂,两只眼变成了四只眼,他的失败如马拉多纳一样令人惋惜又解气。上帝把这样一些带着邪气的英雄降生于人类,我们真不知是爱他恨他,还是爱憎交加。

任何技艺在熟练了其基本功力后,能不能成大器就看意识了。日本人正是凭这两点走在亚洲各队的前面。中国队号称速度最快,但中国队在场面上的速度却远不如日本。中国队得意的是个人突破速度,日本队讲究的是整体推进速度。球是人踢动的,但人是被球带动的,所以日本的足球事业进步了。

当我们屡战屡败的时候,有人哀叹亚洲人不宜于足球。而日本队连连战胜世界强队,我们该从中学些什么呢?虽然我的心情很复杂,有高兴,有沉思,还有那么一点嫉妒。

十四

中国队无望进入十六强了,心倒安然下来,冷眼看球场上风云,领悟人生中的一些东西。韩国队和美国队都是首场的胜利者,两队对垒,极其激烈,每次球员身体冲撞,都似乎能听见金属声。韩国人有机会取胜,但运气往往不够。作为职业球员,仅凭能力的话,并不等于就能成功,运气是足球的一部分。比如齐达内,他平时绝少用头攻门,上届世界杯决赛却头球梅开二度,成就了法国队也完满了自己的英名。比如张玉宁,多么有才华的球员,却每次需要他的时候他都状态不佳,结果临阵遭弃,回家的路上冷寂得只有他和他的身影。状态奇佳,球迷欢呼;发挥失常,球迷骂娘。想想,球员实际上在为球迷踢球。事实是,什么叫职业球员,职业球员就是为球迷踢球。而为自己踢球的,就可能为钱呀,为见女友而深夜不归呀,去吸烟酗酒,在球场没有忘我的投入。为自己踢球的球员不可能成功,也绝不会有快乐可言。但是,当一场球踢开来,导演者却是上帝,上帝在安排着成败。至于上帝在哪里,我们不知道,我们只能说实力是自信的母亲,运气却是自信的孪生兄弟。

任何行当都有一批天生就是从事这一行当的人物,世界杯踢到现在,所有的足球天才都亮相了,有些让球迷欢声雷动,有些让球迷嘘声四起。其实天才人物都是不可思议的,他们的出色和失常在瞬间发生互换,往往成也萧何,败也萧何。天才球员可以有各种特点,但最相同的一点是对足球的热爱和在球场上的热情。我们对足球热爱的时间太短,且人员太少,所以我们没有出现大的天才球员。这次世界杯中国队得以参与,激起了国人空前的对于足球的关注。从这一点讲,中国队的成绩是次要的,意义却重大。首先穿过雷区的人肯定要牺牲,但他们的牺牲为后人蹚开了一条前进的路。

十五

法国人被淘汰了。法国人不是输在后两场,而是输在了揭幕战上。古语说:人有一事不要,后来必受此事之累,如器有隙者,必漏也。法国人或许有些傲慢,首场当头一棒后,后边的反扑必然急躁(人是会急的,大人和小孩打架,大人也会急的)。但愈是要胜利,愈是失败,这就形成了恶性循环。和丹麦一战,是快结巴和慢结巴的争吵,慢结巴越想快越说不出话了。球不是打在门框上,就是踢空,简直是撞了鬼了!门框是球场运气的测试器,凡是球踢在门框上的队十有八九要输的。球场是神秘的,它可以让乌鸦变凤凰,也可以令猛虎如家犬。我们没有经过楚霸王在垓下失败的场面,却看到了法国队是怎样地死去。

看着英雄如何死去,是残忍的,但观者却云集。当解说员以轻松的口气不断戏谑法国人,这如同刑场边的围观者在说:瞧,头砍下了腿还动哩!我对解说员不满。想想,这也不怪解说员,人性的缺点就是喜欢有人死得很难看,尤其这人曾经是个强者。

乌拉圭也死去了，但乌拉圭死得很壮烈。我想，胜利了的塞内加尔人一定会夜里做噩梦，他们差点被颠覆，甚至还有以狡猾骗得的那个点球，他们将在很长时间里有冤屈鬼来索命的阴影。

十六

英格兰与尼日利亚之战波澜不惊，而阿根廷和瑞典却杀得天昏地暗，不幸的是，阿根廷倒下了。巴蒂斯图塔蹲在球场上泪流满面，我也眼圈红了。虽然说离开谁地球都是要转的，但没有秃顶的齐达内和长发的巴蒂，绿茵场肯定空阔了许多。

请不要以胜败论英雄，尤其在球踢到如中国春秋战国一样局势的时候。

在街上见到和尚道士，我总觉得他们是古人；巴蒂每次出场，我老恍惚间认为他是天神。这天神一定是在天上犯了错误而逃往人间的，天王终于惩罚了他。

我不明白阿根廷为什么不穿传统的蓝白条纹球衣，而是那么凝重的深蓝色？不明白球这般野性，怎么也不肯进球门？阿根廷人咆哮成了一群狮子，又粗又高鼻子又大的瑞典人却如大象一样，笨是笨，横在门口刀枪不入。

转播的镜头上再没有出现球员吐痰时的肮脏，闪现的多是阿根廷人射偏了球后双手抱头的画面，多让人揪心啊，他们是在懊悔没有用脑子去踢，也是在恨不得把头颅摔进门网里去。

当时间一分一分过去,一次次机会与阿根廷人擦身而过,瑞典人射中了一个定位球,这不是球,是一颗原子弹!我看见阿根廷人头顶上的光焰骤然削弱,从此乱了章法,如背上插着箭的兽往前闯,但瑞典人的门前是一片沼泽地……

我急得大叫,肠胃觉得很饥(看激烈的球赛不利于心血管,却有助于消化功能),旁边的朋友嘲笑我:瞧你这样子,皇上不急太监急!我说:法国队殁了,阿根廷也要殁了?!

阿根廷真的殁了。

世上有十全皇帝如乾隆的,也有兵败身亡的项羽。成功者有成功者现世的荣誉、地位和富贵,可以谱写关于自己的神话,但失败者如果是真英雄,却往往在死后尊为神圣。本事和命从来两回事。刘备是汉王,如今只是个爱哭的象征,关云长仅是刘备的兵,可是呢,各地都有了"关帝庙"。

观看着丹麦和法国、瑞典和阿根廷的比赛,一句古话总在脑子里出现,那就是:白眼观尘世,金刚养道心。

十七

我虽然一直在为中国队说好话,以维护和提高我们的自尊,但看完同土耳其队的比赛,我说,我是悲哀了。看中国队比赛,简直可以说,如去医院看望患了绝症的朋友,明明知道他是不行了,但还得说:你会好起来的!我们在欺骗着病人,也欺骗着自己。我的悲哀没有眼泪,也没有想骂谁,这悲哀应该叫悲凉。悲凉的当然不仅仅是足球,它让我联想到了我们国家综合实力的各个方面,也包括我为之奋斗的文学。我们落后大家都承认,也正因此,我们才要民族复兴,才进行着改革,而当改革取得了一定的成就后,我们应当清楚,我们仍是在追赶别人,还没有赶上。我有这样的经历,有许多东西,在家里的时候感觉很好,等拿出去和别人的一比,才知道逊了色。我是现在才稍稍明白了一些文章该怎么写的道理,而我的年龄却大了,于是常常恨恨不已。所以,我看见中国队郝海东一批队员脸上的神情,我理解他们,他们是在懂得了足球到底为何物的时候,他们再也无法在以后的世界杯上来证明自己了。是啊,世上的各类事业中有多少有志之士就这么饮恨着!

这场比赛,中国队太想赢,或者说太想进一球了。

进一球的目的或许是为了止住下滑,是为了捅破一张纸寻到感觉鼓舞士气,这种情况我们都理解,我们平日玩麻将、玩"挖坑"也是这样的。我要说的是,进一球的目标虽很可怜,它的错不在于目标的大与小,而在于我们自觉不自觉地又给足球增加了负担。米卢给我们最大的贡献是还原了足球为足球,但我们的足协、我们的球员以及我们球迷稍不留神又滑到了原有的已经习惯了的辙道里。所以,我们心太切,没有先稳住,只图快速,以至于仓皇不及被土耳其钻了空子,让自己处于了被动。中国人习惯给任何事情提升政治高度,增加负担。问题是,有着苦难历史的中国人往往难以承受负担,最后适得其反。一旦适得其反,其打击更加重了,陷入恶性循环。

三场球俱遭失败,我听见我们许多人,包括球员,都在说:我们是来学习的。这话没错,但我反感有人将"学习"二字作为失败的掩饰和自我解脱。这样的话我似乎听得多了,中国队以往失败一次说一次,我真不知道什么时候才是学习好了的时候,难道永远不总结不提高到老了还是个小学生?社会上一些干部总是犯错误总是检查,检查了又犯错误,这种丑陋的秉性我多么希望不要再发生在我们的球队身上。

这届世界杯,再也没有中国队的身影了,我的《观看世界杯》的文章再也不可能写到我们的球员了,所以,我评价一下我们的球员:我们对范志毅、孙继海寄予了最大的期望,他们却以受伤的形象让我们失望,这是在考场上生病的学生,让家长恨不能恨,但绝不会爱。郝海东和杨晨没有进球,当然有战术上的限制,但他们所持的长矛虽不是银蜡做的,却也不是纯钢。李玮峰是好的,他是中国队门前的一座峰,这峰若是巍峰就太好了。李云龙和杨璞,我念"杨璞"名时总念成"杨虎",这一龙一虎表现得不错。曲波和杜威我以前喜欢过他们,可在同土耳其一战中,该怎么说呢,我只能说:看他们以后吧。

十八

日本和韩国是"人来疯",人来了就踢疯了,所以他们都以小组的头名出线。我们一边为亚洲队能进入十六强而高兴,一边却也嘀咕这是不是小人得志?看着日本同突尼斯的球场上,几乎所有的球迷脸上都贴了印有太阳旗的纸片如贴了膏药,我就羡慕着人家的欢乐。中国队和沙特队丑是丑些,日本队和韩国队仅比我们长得端正,但这一回,是我们的丑衬托得他们漂亮了。

电视转播的镜头上,一支一支战败者都离开了,他们没有留下继续看球或者去观光,欢宴上的美酒从来就是为胜利者准备的。受伤的兽,即便是狮子老虎,也只有躲进洞穴去默默地舔伤口上的血。东边日出西边雨,新人笑必有旧人哭,尘世就是这么势利和残酷。

小组赛的最后四场球,紧张而并不精彩,如果日本人是赢在了自信上,韩国人的胜利却因狠毒得手,可怜的葡萄牙人以为同韩国人可以默契打一场平局了,但韩国人的一脚进球将他们日弄了。球场上有阳谋也有阴谋,有君子也有小人。这又能怪谁呢,革命不是请客吃饭,足球是战争的象征。

看着葡萄牙队的教练挂着双拐从场边走过,我想起了阿根廷队的教练在整场比赛中不停走动的身影。教练实在不是好的职业,我们一般人一生或许只有一次两次在产院和手术室外等待我们亲人的熬煎,但足球教练却每一场比赛都在受着难。

十九

进入第二阶段的十六强淘汰赛,如人生进入了中年,都已经是好日子的人家,有富又有贵,长相也相对稳定,但是,工作、生活、身体的负荷量增大,前途的路越发是一条钢丝。提着鸡蛋篮子在人窝里走,你不挤,走不过去;你要挤,随时都有别人撞碎你的鸡蛋。有个哲人讲:"一只兔子在前边跑,后百人逐之,不是一只兔子可以分为百只,因名分未定。"为了名分,队与队之间都是坟墓。

越是有了巨大的荣誉,越是有着巨大的危险;越是接近辉煌,越是争斗惨烈,这也是所谓的"高处不胜寒"。往往在不胜寒的高处,实力的作用呈示出来,球星的作用呈示出来。当都在幼小的时候,鸡比鹰可能飞得高,但长到一定程度,鹰就之所以为鹰了。英格兰对丹麦的胜利,说白了,就是贝克汉姆和欧文的胜利。大将军在街头饭馆打群架的时候,他或许被打趴在地,当大将军在一场战争中,他却可以让千军万马的敌方灰飞烟灭。

中国队已经回国,也给我们鞠躬感谢和致歉了,这很好,没有了功利心的我们就可以静静地看以后的比赛了,如看动物世界,如看影视,如看小说,为他们的进球高兴而高兴,为他们的失球惋惜而惋惜,可以说,我们是有意味地起哄。

德国队与巴拉圭踢,踢得沉闷不堪。为什么沉闷?怎么个沉闷法?沉闷又是如何进行的?这就是一个看点,也就理解了鲁迅先生"墙外有两株树,一株是枣树,还有一株也是枣树"的句子。人生其实很多时间里是沉闷的,无聊和寂寞的。不在沉闷中变态,就在沉闷中放荡,德国队和巴拉圭队在给我们演绎着。

看球看到这个地步,我多么希望看到全景俯瞰式的转播镜头,那样可以看清两军对垒的战术配合,但这样的镜头几乎没有。我们是电视机前的球迷,电视将我们培养成了目光短浅、没有整体感的人。也正是这样,我们只能谈我们的偏颇,至于足球专业方面的话,说不得,说了就暴露我们的无知和蠢笨。糊涂在某种意义上是快乐,我们是快乐的球迷,如我们就是芸芸众生的一员一样。

二十

瑞典人高大壮白,塞内加尔人黝黑瘦小,一个队如一个队的影子,但影子吞噬了身子。解说员戏称塞内加尔队面对了全叫着什么什么森的瑞典队将成为伐木者,这伐木者其实是一群兔子,他们灵活地穿梭于树与树之间,然后将一片森林伐掉了。一直忧郁而沉稳的马特苏教练最后是笑了,上帝往往将灿烂的笑赐给忧郁而沉稳的人,而不是那些阴毒或张狂的人。

其实瑞典人踢得并不差,他们的战术讲究,又最不浪费,不浪费体力,不浪费时间,不浪费机会,他们是首先进球了。他们在加时赛期间是踢得最得意的阶段,却吃了得意忘形的亏,瞬间的疏忽给了塞内加尔人针孔大个洞,人家就钻进来了筛子大的一团风。

黑人的技术好,太好了,有这样好的技术若有好的战略战术,或者说先进的足球观念,必然由弱要变强的。马特苏教练是法国人,他调教了塞内加尔队,其成功如文学上的马尔赫斯。中国队也请的是洋教练,米卢的本领可能比马特苏还大,米卢的失败在于中国队的技术太差。国家队的教练是不管技术的,这如同大学的教授不教学生怎样起床穿衣服和吃饭如何使用筷子。所以,我们不能怪米卢,只能为他悲哀。

二十一

依我,或许更多的人的感情,并不希望美国队赢,因为他们国人并不狂热足球,又是因为他们什么都强大,难道任何重大的国际活动都离不开美国人的身影吗?但是,美国队还是进入了八强。一条裙子,对于贵夫人无所谓,贫苦的农妇就可以穿上出门了,上帝偏就把裙子给了贵夫人。

美国队的胜利,是上升期的气势之胜,虽然它没有大的球星,技术又很粗糙,但他们蓬勃向上,有生和野的冲劲。他们同墨西哥的比赛使我想到了中国文学史上的著名作家废名和沈从文。沈从文初期是学废名的,废名的作品成名于有强烈的个性特点,个性特点又限制了他以后的写作只维护自己的特点,结果他的作品气就内敛。沈从文学习了老师的特点,却不拘泥于特点,其气扩张喷发,最终成为一代文学大师。

很多人已经说过,足球是最能体现民族文化的,但是,它的基础必须是球队有了一定的水准,这如同初学写作者是谈不到风格问题的。干任何事,蠢笨是不行的,太烂熟太讲究则浮华靡丽,理性过之而混沌不足,混沌最具力量。现在的一些老牌球队随着他们辉煌的历史走向了技巧战术的精致,这当然是应该的,却对强悍之气的逐步消失估计不够。中国古书上记载着混沌原是一个厉害得不得了的生命,但没有七窍,有人就开始要为它凿,一日凿一窍,凿到第七天,七窍是有了,混沌却死了。

现实生活中也是这样,太爱修饰的女人,这女人一定是年龄大了。大人物是在处处小心,但大人物之所以为大人物,他是不裹缠在小事情上的。

* *

三十二支球队虽然为着各自国家的荣誉而战,但足球的真正意义并不在于此,当一些球星随着球队的失败离开之后,足坛的天空已不灿烂。假若没有了巴西,最少是巴西没有进入决赛,这届世界杯将变得平庸。看戏为的是看名角,看踢球就是冲着球星的表现。巴西人战胜比利时我们并不激动,激动的是又有眼福欣赏了罗纳尔多、里瓦尔多、小罗纳尔多、卡洛斯、德尼尔森展示的艺术。什么是神话,什么是天兵天将,幻景变成了现实,我们在平凡而琐碎的日子里可以受活一回了。

二十二

六月十八日,日本在下雨,满场的球迷都穿了白色的雨衣——这是个不祥的预兆,白雨衣穿着如孝服——日本队在排山倒海的鼓噪声中输了。

这是一场正常的比赛,双方都发挥了应有的水平,结果在告诉我们,日本队除了还未真正具备谁也不怕的本领外,幸运之星并没有光照他们。天还在下雨,天空的眼泪早早已经落下。特鲁西埃,那个自负的法国人教练,九十分钟内一直在嚼口香糖,嘴唇嚅动着如他的心脏在跳动,他可能想到了这样一个问题:是日本队取得了长足进步后膨胀了日本人惯有的野心,而犯下了摆不正位置的错误吗?是的,进入了大户人家的头道门可以,进了二道门也可以,但要进入正堂就有"回避"牌子在那里竖着,更不要说想到人家的卧室里去。欧洲和拉丁美洲的强队如果是丰乳肥臀,那是从人家的奶奶起就丰乳肥臀了,靠吃激素一时的肥胖,毕竟还有着质的差别。

在韩国,天是晴天,整个球场一片红色,像是燃烧起了大火。韩国人果真是赢了。韩国人以其顽强的意志,充沛的体力,也是以希丁克战术上的豪赌,球迷的支持以及那个不苟言笑的裁判的关照取得了胜利。我们盼望着韩国队进入八强,它给了亚洲一份安慰和那么一点信心,但倒霉的意大利队多么令人同情啊。在韩国人昼夜狂欢的歌声里,我们能听到意大利人对"黑哨"的诅咒。

二十三

终于等到巴西和英格兰的对抗了,这不仅是一山容不得二虎,要目睹一场血污之中谁是王谁是贼,更是从某种意义上讲,冠亚军比赛提前进行了。

强队与强队的强是差不多一样的,只有弱队各有各的弱。轻量级拳击最为好看,重量级拳击并无过多的观赏性。这场球赛亦是如此。开场以后长时期的沉闷可能让许多人要昏昏如睡,他们的谨慎却使我想起了一句古语:圣贤庸行,大人小心。越是弱队,越是莽撞,为的要出其不意。初学象棋的人喜欢当头架炮,高手才来回相士,以卒探取消息。老虎的态度是慵懒的,常常卧在那里不挪动,但老虎绝没有睡着,一旦猎物出现,它便迅雷不及掩耳地扑过去。欧文就是这样,罗纳尔多就是这样。他们似乎不是在比谁更好,而是比谁有失误。外国的故事里,说贵夫人之所以贵,是在十多层棉褥下放一颗豌豆她能垫得睡不着。强队与强队的天平上,某方落一粒尘土就会将对方翘起来的。

佛书上讲:做车子的人盼别人富贵,做刀子的人盼别人伤害,此不是爱憎问题,是技术本身的要求。我们盼望巴西和英格兰能一起出现在本届世界杯的最后赛场,但他们偏偏过早碰上,从来文无第一武无第二,比赛又为的就是胜负。上帝派下来了贝克汉姆和欧文在英格兰,派下来了罗纳尔多、里瓦尔多、小罗纳尔多在巴西,他们的宿命里就是厮杀。英格兰队是输了,巴西队是赢了,或许今晚在英格兰是一片哭声巴西一片欢笑,但对于全球的看客,这些都不关痛痒,而激动的仍是那些球星。

在牛顿出生的房间墙上刻着这样两句诗:自然与自然规律在黑夜中隐藏着。上帝说,让牛顿去搞吧!于是一切都光明了。

我们生活得太琐碎和无聊了，上帝给了足球和一批踢足球的人，我们就快乐了，别的都不再去管吧。

二十四

韩国队又赢了。韩国人是可怕的毒蜘蛛，将网结在门口，所有的飞蛾来一个擒一个。这厉害得有些邪乎，有些流氓，有些过分了。

我见多了有关政治经济文化艺术评奖中的龌龊，很难再听谁说"神圣"了。我羡慕着体育界，以为它们的竞争是最公正的，但这一回场场不漏地观看世界杯，才明白人类有人类的病，那是无法根除的。

如果换一个位置，韩国队是中国队，我们会是怎么样呢？我们肯定就不认为是裁判的错，肯定要歌颂我们的奇迹。

尘世上原本就是是非非，欢乐和苦恼就在是非中，既然活人，这一切都是享受。

那么，抛开了裁判，就说韩国队吧，我们应该敬重人家。两年前，中国队几乎同韩国队差不了上下，我们以为从此不"恐韩"了，谁料两年来韩国队已经用枪用炮了，中国队还在要大刀长矛。过去，我们常在说"形势一片大好"的时候正是面临了糟糕的局面，中国队一直强调"态度决定一切"，也说明中国队的态度有问题。光看重集体的利益容易导致政治压力过人或者个人消极怠工现象，而在看重集体利益的前提下追求个人的荣誉感,韩国人和日本人在这方面做得的确比我们好。米卢的"快乐足球"改变了我们的思维,但对于一个足球运动并不发达的国家,稍不注意,"快乐"又软化了我们的精神。

对于足球的"恐韩"并不可怕,重要的是在民族精神上不至于也"恐韩"。

二十五

进入半决赛,我们没能见到像一群骏马一样的英格兰人和阿根廷人了,浪漫的足球已去。但德国人和韩国人,两队靠身体和意志的激烈对抗,使这一场比赛纯粹而精彩。

天下大乱终于演义到了封神的时候,是神就该归其位,一切事情都有应有的宿命。

我们已经说了许多对韩国队不恭的话,现在可以闭嘴了。这场球在严肃了球场纪律后,在韩国队体力已严重不济的情况下,输是肯定的(贝利并不是乌鸦嘴,他一直在说反话,他不说巴西赢是盼巴西赢,他极力说韩国好话,其实在咒韩国)。但韩国队表现出来的,除了精神,还有战术及队员的素养,他们应该是亚洲的英雄。回顾前边的几场,可以说他们有些"懒"。可想想,即便裁判要偏护我们的球队,我们能坚持到加时赛吗? 对于赛场上的不公当然我们要有不平的声音,觉得韩国人"过分"了,但若反复地嚷嚷不已,却正反映了我们的自卑和小气,也有些"过分"了。韩国队踢得好,好就好在哪怕是在偏护下一路走到了四强,这一过程就锻炼了他们。可以这样说,从这次世界杯赛后,他们是成熟了,将站在强队之列,起码可以雄视亚洲各队了。中国的国策长期以来以韬晦为主,中国足球队需要的是静下来,好好卧薪尝胆了。

战争是人类的天性,为了不至于人类的毁灭,上帝给了一个足球,战争便分成了两种:一种悲惨的和一种欢乐的。这届世界杯因裁判的问题为我们看客提供了各种说法的机会,恰正是欢乐战争的欢乐。当我们为上一场球吵吵闹闹着又急切地关注着这一场球,上帝一定是在笑着。

眼看着全部比赛只剩下三场了,我们突然感到了一种失落,不晓得决赛之后日子怎么打发,尤其我们做男人的,虽然"三八"节只给妇女们放半天假,男人节却足足一个月啊。

二十六

在日本崎玉的赛场上,巴西队和土耳其队上演了最有观赏性的一场艺术剧,包括精彩和失误。两支球队像有了默契一般,既文明,又放松,尽情地表演。如果说前边的赛事有些野,还有些不尽如人意,这一场就是戏曲舞台经过了故事情节的交代后的一幕令人如痴如醉的唱段:唱段是最能表现演员才情的,戏迷也最过瘾。

不能不再说说巴西人了。看过了这么多球队踢球,又看过了巴西的踢法，我疑惑了什么是先进的足球观念？对于足球的认识，许多人都有一套，但都是根据自己球员的实际来建立的。比如巴西，他们绝不全攻全守，进攻时后卫不动，防守时前卫不动，但他们攻能攻进球，守能守住门。任何理论它都是实践的产物，它没有所谓的先进和落后，胜利就是全部的意义。当然，巴西的天才球员太多了，大天才是无拘无束的，这如小和尚整日敲木鱼念经，大德大师则是修来的，只讲法布道。想想罗纳尔多的六个进球的不同的方式吧，想想里瓦尔多、罗纳尔迪奥尼的所有传球，想想卡洛斯、卡福、德尼尔森的脚下功夫，这些人真是为足球而生的，假如这届世界杯他们没有走到最后，我们的眼睛就太贫困了。

我们喜欢看意志型的足球，因为我们缺少激情，我们更愿意看艺术型的足球，因为我们需要诗意。正是这样，上帝让巴西队四次在世界杯上夺冠，这一次也极可能。伟大的巴西足球，是人类福祉的象征。

二十七

我们急切等待冠亚军的决赛，对于三四名之争并没有抱多大的热情，可看可不看吧，然而，这场比赛却使我有了更多的感慨。

韩国队没有踢好，有些像中国队，心急要吃热豆腐，越是想吃越烫了嘴。韩国人不是缺乏了旺盛的斗志，攻势依然是急风暴雨，他们除了没有那一份幸运外，就是土耳其的哈坎·苏克尔的复活。

苏克尔原本是世界足坛屈指可数的前锋之一,而他在这场比赛之前竟还未进一球,似乎许多人在轻视了他,甚至连他的国人都在哀叹他江郎才尽,"一个苏克尔的时代结束了"。但是,苏克尔又复活了,他的复活是那样的可怕,土耳其的三个进球都与他有关,他的迅疾的进球和绝妙的传球,令坐满韩国球迷的整个赛场瞬间变成死海,也令一切诋毁他的人从此闭上了嘴巴。当火堆在不停地冒烟的时候,那绝不是死灰,火堆在憋劲,一旦砰地出焰,那焰就足可以烧焦一切的。所以,永远不要嘲笑那些背时的英雄,而被讥为固执的居内什教练则不是他用错了人,正是他识才的准确和胆量。

我怎么也无法对法国的那个光头门将产生好感,他叫巴特兹,他的张狂令人觉得滑稽而丑恶。但我喜欢像猎豹一样的德国门将卡恩和土耳其的门将鲁斯图·瑞克伯。鲁斯图·瑞克伯一直在他的眼睛下画上两道黑,不知他想增加眼下的两道眉毛还是为了再多出两只眼?中国有马王爷三只眼之说,如果一个门将有四只眼,他会看清每一个来球的方向,也会使每一个对手在射门时胆寒。我想起了一位老书法家教授他弟子的方法,他并不要求弟子一开始就整日临某某古人的法帖,而是让弟子读某古人的传记,了解某古人的生活习性、服饰、癖好、做派,学得很像了,自我感觉就是某古人了,然后再练某古人的法帖。这种教授办法似乎有些荒唐,但这位老书法家的弟子的书艺却确实在突飞猛进了。球场上我们常常惊叹有些球员的神奇,往往忽视了他们的怪异装扮,以为那仅是个性的表现,其实那是呼唤神和魔的力量。神和魔是存在的,它的力量就在我们人的身上,个性总是神魔通过的门口,而我们,包括我们球队的队员却常常缺少了这点。

二十八

走过了千山万水去拜佛,到了目的地,原来只有一座破庙。这就是世界杯决赛上半场给我们的感觉。从来的决赛都不精彩,但却分分秒秒让观者提心吊胆。再破的庙,庙里却是有神的,神毕竟伟大和灵光。进入了下半场,戏果然唱得回肠荡气了。两队使尽了手段,以长攻短,以短避长。一边是生死一卡恩,一边是存亡三"尔多"。最终巴西人胜利了,他们有罗纳尔多。

每届世界杯都有足坛的"圣人"出,上一回是齐达内,这次轮到罗纳尔多了。罗纳尔多是不可思议的,罗纳尔多是苦难的,在他有了名后他的存在就是别人的威胁。他在球场的任何地方,都有对手狼一样地围着,撕他,踢他,他得以更大的度量去容忍,得以更强的力量去冲破。"圣人"就是这样产生的。

德国人输了,总得有人要输的,他们拙笨的打法、粗糙的技术,纵然人高马大、一身力气,足球场上毕竟不是挖土打屋基。

当那个精瘦怪异的光头科里纳(我怀疑他是十八罗汉中的一个)吹响了最后一声哨音,我没有随着里瓦尔多和罗纳尔多相拥相抱在一大群摄像机前的镜头而大呼小叫,我被三个镜头震动了,呆坐在沙发上流下热泪。一个镜头是巴西的三名队员趴在草地上长久地祷告,一个镜头是巴西的门将跪在了网门内口里念念有词,而另一个镜头则是红着鼻子的卡恩像受伤的兽一样窝在那里暗自沮丧。多么有宗教感的人!面对着这样一群勇猛而才艺超凡的人,又如此敬畏天地,敬畏生命,今日的球场上,赢了的输了的他们都不是失败者,都是英雄,值得我们向他们致敬!

二〇〇二年的世界杯终于结束了,突然间像是做了一场梦,似真似假,犹如坠入了《红楼梦》里的太虚幻境。我推窗望着夜空,夜空是看不见云的,到处闪烁着星星。我知道那些际会的风云已散,球星们都到了天上吧。看着这些星星,心身慢慢回到了现实,是的,明天是星期一了,该要早早起床去买菜,送孩子上幼儿园,去上班,为我们的柴米油盐酱醋忙活了。

敲门的是三个朋友,紧急通知我明天去开个重要会,他们也是刚刚看完球赛,对我说:人为什么要踢足球呢,咱们为什么要看球呢?我说:这谁说得清呀,反正一个月就这么踢球的踢疯了,看球的看傻了。但是,我最后还是给我的朋友念了一首诗,诗是宋时针对蹴鞠(也就是现在的踢足球)写的:

八瓣尖皮砌作球,
火中燀了水中揉。
一包闲气若常在,
招踢惹拳卒未休。

观球（二）
——观看 2006 年世界杯足球赛

一

　　往鼻子上涂一片白，我又来了，因为世界杯足球赛要开始了。

　　世界杯足球赛永远是人类的节日，已经憋了四年，就等着这个六月。六月的天上滚动的不是太阳，那是足球，我们将要流更多的汗，熬更多的夜，大呼小叫，做一回疯子。

　　一届一届的世界杯，戏是不停地变换，但舞台不变，精彩依旧，庆幸的是我还是看客。我这个看客，无论多认真，其实是个外行，外行只看热闹。日子太整齐，生活又沉闷，图的就是个热闹。

　　上一届让我开专栏，我胡说乱道了一个月，只说是玩儿呢，没想那些文章会有那么大的影响，我是个人来疯，这次一招呼又来了。

　　来了就来了，反正是任何人看球都不会一语不发，我是把自己要说的话写出来就是了。

二

揭幕战使我们领略了什么是强者。人牵着球,球牵着人,红白相间的色彩如水如雾移动,德国人控制了节奏。克林斯曼在大喊着:向前向前!向前的德国人到了前场却极其沉着,细针密线地倒脚传递,然后是一剑封喉。强者是从容的,从容得几近温柔,弱者才使强用狠,才强调一种精神;精神是弱者唯一的武器,但强调精神而往往踢法粗野则让我们看到了人性中的恶劣。狗可能会疯,狼可能会狂,老虎从来给我们的是沉稳的身影。

万乔普当然迅猛,瞧他那双小耳朵啊,小耳朵的兽都是迅猛的,但一棵大树毕竟不是森林,而德国队却让我们记住了更多的名字,如克洛泽,如拉姆,如施奈德和弗林斯。当今再也不可能有马拉多纳了,如果一个球队还打一个人的战术,他可以成名却难以成功。

作为看客,世上有太多的东西逗着我们兴趣,但"9·11"太恐怖,街头吵架又太恶心,只有足球让我们快乐。再来一瓶啤酒吧,怎么叫好怎么臭骂都行,就连电视上一闪那个叫吉马良斯的一张严峻的马脸,我们都要乐了。

三

如果说德国队和哥斯达黎加队那是坑球,英国队和巴拉圭队真是在踢球了,你大脚过来,我大脚过去,那一晚,球是最痛的。

现代足球产生于英国,英国人却永远不变那种踢法,也永远踢得不好看,这或许是老贵族的傲慢与固执的意识作祟。

但是,英国队仍然是我热爱的球队,因为有贝克汉姆。一个女人要是漂亮了男人喜欢女人嫉妒,但这个女人太漂亮了,男女就都喜欢。帅气的男人也是这样。贝克汉姆是天生的帅样和天生的球技集于一身的人,所以他有资格成为偶像。你看他那跑姿,你看他那传球,当镜头对准了他向你看的那一双长眯眼,我看转播的那个酒吧的电视机前所有人瞬间电击,静寂无声。我是丑男,但我并不惊恐我们的那些美男子,怪得很,中国的男人一美常常就女性气了,那么高大的身子偏要穿又短又窄的紧领花衫,我就把脸背过去了。

足坛上那些出类拔萃的人真像《水浒》里的一百零八将,各有各的特征,各有各的绝技。或许很多很多的角色我们已忘记和即将忘记,但马拉多纳不会忘记,贝克汉姆不会忘记。

四

网球场上我们看过了俄罗斯那么多的什么娃,而足球场上来了塞黑人,就看这些某某奇了。但壮实如牛一样的奇们并没有创造奇迹,恰恰是对阵的荷兰人精彩发挥,把三分拿走了。荷兰人必须拿走三分,因为这个组还有阿根廷,那可是狼虎之师。

大多数球迷都似乎倾向荷兰队,喜欢那橙色,喜欢那一张张头发微卷的娃娃气的脸,更喜欢的是他们从来没得过冠军却开创了足球新的天地,真正体现了足球的大道。这有点像我们爱项羽不爱刘邦。世俗越来越实际,但英雄到底有庙宇,如果让我给这个庙宇挂联,我就写:披褐而怀玉,道德可久身。

歌颂了荷兰队,我还得歌颂一个叫凯日曼的塞黑人(他是塞黑队不叫奇的三人之一)。就是这个凯日曼,他明明是荷兰人的对手,竟是那样的崇拜范巴斯滕,赛前说如果他进了球,这个球就献给范巴斯滕。哇啊,世上有许多人和事,你该服时必须服,心服了口也服,如果气量狭窄,诽谤诋毁,那是没用又影响自己形象。恭维女性可以使男人高尚,尊重英雄也才可能成为英雄。

得说那个裁判了,瞪着眼睛的光头科里纳我们再见不到了,他是那样的威严又滑稽,而默克呢,作为新的金哨,他在场上一次被球踢中,一次被撞倒地,他够倒霉了。但他的准确、公正和本分与科里纳是多么不同啊,科里纳始终张扬他的存在,强调他是比赛的上帝,默克则是让人在公平的流畅的比赛中忘记他。当今的一切艺术我认为就是这两类路法,科里纳和默克又让我在足球场上醒悟了许多,真感谢这个橙色的夜晚。

五

都是海中岛国,澳大利亚人那样高大,日本人却这么瘦小,真是不可思议。球场上时不时人仰马翻,一看,都是日本人。日本的一个球员发型类似鸡冠,头上一旦有鸡冠的,那就是象征了好斗。这个民族是生猛的,他们身高不足,但速度极快,像是瞎子的耳朵能捕捉些微动静,硬是先进了一球。那个川口能活,这名字多好,他让日本队几次要死呀又活了过来。但日本人到底还是输了!看着日本的球迷脸上贴着他们的国旗像贴了一张膏药,我们真替他们遗憾。伊朗输了,他们也输了,作为亚洲人我们心里难过。

日本人是不该输的,但却输了,输在了碌碡曳在半坡上,输在了希丁克手上。赛前济科说:我们现在只需要成绩。这是什么话?如果我们说"我们需要钱",但钱不是需要就有的啊。而希丁克呢,在下半场的下半场,他连换三人,三人都是前锋,这种勇气和果断是一般教练不敢的,尤其是我们的教练不敢,希丁克"人有多大胆,地有多大产",他有神一样的奇,但看看他在比分落后时的紧张焦急的神情,他又在告诉我们他是人,他的成功是建立在对球场形势的洞察上,建立在丰富的指挥经验上。

六

很多女性都喜欢意大利队,因为意大利队历来的队员俊朗;很多男性却支持加纳队,因为加纳队是神秘之师,希望能成为黑马。历史的经验告诉说意大利可能踢到最后,加纳的主帅放大话:我们要打到决赛。这就有热闹瞧了!如果说意大利是足坛上的贵族,加纳算是平头百姓,两厢争斗起来,看客如我们的大多数便是既羡慕贵族又盼望平民能这一回把贵族灭了。果然两队是踢得激烈,人似风行,球如流星,每一个队员都是头上下雨。

在文坛上常有这样的事,真正的大作出来了,会写文章的人看了从此觉得自己不会写文章了,不会写文章的人看了从此却觉得他也能写文章了。意大利队就类似这样的作品。历届世界杯上意大利总是温水不烫,加纳队自然要血气方刚,他们一上来也确实踢得好,那像装了弹簧一样的身体不时有杂技动作,但一来二往,来来往往,意大利队的气质和素养使他们踢得游刃有余,加纳队终于显出一点野来。一野就是输不起。黑马是输不起的,黑马之所以不能再黑原因就在这里。

七

韩国队和多哥队的比赛是一场拼凶,你狠,我比你还狠,如两头蛮羊(不是蛮牛)都瞪着四白眼,然后同时退后,然后同时前冲,然后砰的一声犄角相撞。这样的比赛,场面不流畅,观众也容易生心脑血管病。

实力相当的人百米赛跑只赛一步,韩国队和多哥队就看谁失误,多哥队比韩国队多(也都怪这个多字)了一次失误,韩国队赢了;于是球场看台上成了红色海洋。

韩国那么多球迷去了德国,实在让人惊讶! 试想,如果中国队也去参赛,中国的球迷能去多少呢?为了生活富裕才有人去踢球,生活富裕了就去看球,但不远万里去德国,那套一句俗话说,即便有贼心没有贼钱,即便贼心贼钱都有了,还没有贼时间。据报纸上的文章说,中国记者在德国,有一个外国人问:比赛有你们的球队?回答说:没有。那个外国人说:那你们也来干什么?这话就问得没水平了。难道邻居娶媳妇我虽是光棍我也不能去图个热闹不能评说那新娘长得丑美吗?这外国也有傻×人。

无论如何,韩国队给亚洲长了脸,今年高考,别的村考上了那么多的一本,咱村考一个大专的也不亏咱操心呀,喝酒,喝酒。

八

总希望有搅局的,但黑马怎么都是墨染的?那就等乌克兰吧,名字这么诱惑人的。待到乌克兰和西班牙一上场,清秀的聪慧的西班牙如阿庆嫂,乌克兰整个是胡传奎么!瞧那个笨呀,看着就生气,气着气着也笑了。连西班牙队员都在笑,他们换上劳尔后,便开始玩儿了。干任何事情一有了玩儿的心态往往就成了艺术,那就欣赏西班牙人如何过人如何传接的舞蹈了,谁还再管乌克兰呢?

贼一天不偷东西手痒啊,看球的看不到黑马郁闷呀,听说有个爱告状的,这一天起来脸色又不好看,人问:咋了,情绪这么坏的?回答说:告状呀!又问:今日又告谁呀?又回答:还没想出来哩!看客就有些像这种人。

世界杯就是人类的一场游戏,游戏里爆发了人的生命力,也暴露了人的劣性。

但是人性中的善与恶其实都是创造世界的动力,黑马情结显示对格局不满的弱者的心态,所以黑马出产地总不在欧洲而在非洲和亚洲。

现在唯一的黑马就是厄瓜多尔了(虽然他还不是非洲和亚洲的),但愿他像乌鸡一样能黑在骨头里。

九

有些人会享受而不去奋斗,有些人肯奋斗却不会享受,阿根廷人,六月十六日夜,他们太能奋斗也太会享受了,将一个球变成了六个球,把一份快乐分成了六份快乐。

但是,这只是一场四十五分钟的精彩比赛,另外的四十五分钟,对着一个死尸还连续捅刀,已经完全没有看头了。

那就看阿根廷队员的长发吧,多漂亮的长发,像云一样在头顶上飘啊!我们的街头上也不乏这样的长发男人——现在有长舌男也有长发男——但这些长发不是染成了黄色或红色,就是油腻腻的黏成一片。老以为他们是艺术家,一问,十有八九什么都不是。阿根廷人的长发在球场上是胜利的旗帜,那些什么都不是的人的长发让理发店的老板不满也让我们觉得好笑。

再看镜头上数次照出的马拉多纳吧,他挥动双臂,大声呐喊,那嘴大得能塞进个拳头。多性情的一个人！常见那些小有名气的艺人总害怕被人看见，总要戴墨镜，总会在广众前注意抬脚动手，就感到他们的矫情。伟大的人物才是性情的，性情的人才真实而大气。

还看什么呢？那就看电视机前我们自己，各有各的说话，各有各的说话的表情。

十

在别的领域，你不行，但可能有人说你行你就行了；在足球场上，众目睽睽，你若不行那肯定就是不行——伊朗便这样倒下了。伊朗对于我们而言，就像一个平庸的人极其望子成龙，但龙到底没成，是条蚯蚓。如果论分量和勇气，伊朗可以是驴和马配出的骡子；如果论技术，伊朗则是把汽车拉进了牲畜配种站，充其量只生产个手扶拖拉机。可怜的伊朗人常常丢球又拼命去抢，那就只能犯规，自个儿已受伤不起了，裁判还要再给张黄牌。

伊朗人在亚洲，那可是硬朗的代表，似乎见谁灭谁，我们也曾极力效仿过那种踢法。伊朗有力量，欧洲列强有力量更有技术呀，就说这葡萄牙，老的如菲戈，那猛得像老虎一样，而他的球传得多好！那少的如C.罗纳尔多，白牙绿眼（他真的眼有点发绿），是狼的形象，可他那盘球过人，啧啧，实在是让人眼花缭乱。伊朗遇见葡萄牙，既生瑜何生亮，输得遗憾也输得应该。

伊朗的失败告诉我们：当今世界足坛，好的球队普遍都是技术精到，都少失误，而这仅仅是基本功。这如绘画的造型和笔墨是画家基本功一样，有了基本功才能谈作品的立意格调和境界。如果基本功还不行的时候，看到了别人的新观念，就也讲究起立意格调境界之类，那往往画虎成犬，迷惑不解，便出现如我们的球队那样，一会儿选洋帅一会儿用土帅，一会儿这打法一会儿那打法，以致贩羊时牛价涨了，贩牛时羊又贵了。

十一

月有阴晴圆缺，人真的有运气好坏，克罗地亚明明什么都强过日本，但就是赢不了。项羽说：天要灭我，这马也不走么？克罗地亚人比赛结束时还有人抱着球看了一下，他一定在疑惑这球认不得门了！

克罗地亚人运气不好，澳大利亚人运气也不好，几次必进的球也都飞了。巴西人是恐怖的，但6月18日夜巴西人踢得并不好，如果澳大利亚人将那个必进的球踢进去了，澳大利亚人就不止进一个球。

日本人踢平了，我并不佩服济科，澳大利亚人输了，我仍然奉希丁克为神灵。澳大利亚人从来没有这么厉害过呀，希丁克硬是把它调整成一只雄狮！瞧他的战术布置，瞧他的临场指挥，他的每一出变化没有不生奇效的。换上利维尔是正确的，只可惜科维尔自己中邪,错失了五次将比分扳平的机会。克罗地亚的主教练在场外是那样的滑稽,希丁克却严峻威严,你觉得他浑身的气饱满得要往外冒。球场上有许多伟人,多看看这些伟人,这如同游名山、读奇书一样可以养眼养心。

十二

肤色对于人并不重要,不就是离太阳近的黑,离冰山近的白嘛。可生存的环境不一样,文化和性情就不一样了,这全在足球场上暴露出来。黄种人有整体观念没有个人意识,黑种人个人意识强烈整体观念淡薄,而白种人既有整体又有个人,当然他们总是胜利。他们的胜利是上帝的胜利。

但是,如果抛开胜负,难道最好看的(真正视觉上的娱乐)还不是白人和黑人的比赛吗?多哥是真正的黑人,瑞士是典型的白人,电视镜头一拉近,哇,一个白得透亮,一个黑得发光!镜头全景式俯拍了,瘦而长腿的黑人就成了蚂蚁,大而壮的白人就是肥虫了!更喜欢的是蚂蚁吧,多可爱的黑蚂蚁,神蚁那么不可思议地跑,那么不可思议地传球,他可以笨得一脚踹空,他又可以在空中横着身子勾球,每每当他们往门里顶的时候,你担心他们把自己的头顶了进去,当他们耸着肩带球,你又觉得他们的头没了,就在脚下。天哪,那是《山海经》里的刑天么!

黑人输是肯定的,所以多哥也就输了,因为多哥组织涣散,都是兽,一群散兽;而瑞士是一台机器。在当今时代,散兽焉能战胜机器?何况谋杀多哥的还有那个裁判,本该给多哥一个点球的,他说不给,也就不给了。

差不多的黑人要离开赛场了,差不多的黄人也要离开,世界杯将失去好多颜色。我们不能不反思自己的不足,当然更寄希望于下一届,而现在呢,却只有哭泣。

十三

打牌输了,可以说手气臭,踢球赢了却不能说脚气好;德国踢了厄瓜多尔三比〇,德国人没有狂喜,连球迷看了一会儿都到过道去喝啤酒了,厄瓜多尔也不沮丧,教练坐得纹丝不动。大家都知道厄瓜多尔半支主力并没出场,他们放弃了争小组第一。其实,德国肯定赢,这不仅是厄瓜多尔放弃,他们有实力,也是天意,试想想,怎么能不让主人赢呢,主人要走得越远,这一场"过事"才可聚住人气而继续热闹呀。厄瓜多尔当然有脑子,在不影响大局的情况下死拼什么呢,他们也希望以后尽量走远些。神有各样的神,神归其位,局长做的是几时当部长的梦,科长只谋处长的位。

世上的事虽然千变万化,其中却有一定规律,如同你寿多高,官做多大,钱挣多少,都似乎有定数一样,这世界杯就不可能在十六强前重要的球队统统完蛋,也不可能十六强后又全是重要的球队,更不允许一个水平还很烂的亚洲队或非洲队就最后成了冠军。

茶壶永远配四个茶杯,没见过四个茶壶供一个茶杯的。

上帝有了一个法则也同样有另一个法则,那就是让我们每一个人知道何时生不知道何时死,那就在死前的头一天也都活得满怀信心,所以任何人都认为自己的母亲是世上最好的女人,都认为自己最重要,都相信"尧舜皆可为,将相本无种"。这样好啊,这样的生命才呈现意义,生活才觉得美好。

上帝把两个法则相互运用,世事既不会大乱也不会一切停滞。

球事太多,看累了就胡想,胡想一通也有意思呢。

十四

五行变化,相克相生,这世界平衡的道理谁都知道,但每个人到了具体的生活中,偏偏遇到了克的一段(这一段可能是几年几十年),恐怕谁也不高兴了。英格兰是多好的一支强队,聚结了那么多巨星又勃起那么大的野心,但就是又遇上了克他们的瑞典队。柿子和萝卜同在一胃,胃就得吐酸水,难受如挠。这样遇瑞典不赢的比赛,我们自然不会因瑞典人大笑而笑,也不会因英格兰人落泪而落泪,但对世事的无奈却让我们有了一点郁闷,因为我们的生命轨迹中也常常有这样的事情发生。

换一种心境吧,把目光投向场边的球迷,看他们的脸。

脸是人与人区别的标志,也是个体生命的广告。古时候脸上有了烙印,宣告你就是囚徒,戏台上抹一个大红油脸,证明我是个忠臣。没有人不看重自己的脸！（只有抢劫者不要脸，以黑丝袜头套蒙面。）而现在，足球场边好多好多的脸上又画了国旗，国旗是脸，脸是国旗。把国旗画在脸上的风景是任何场合都看不到的，只有在世界杯这样的盛典中，这些迎风不能招展的国旗让我们看到了人类的繁荣和欢乐，也看到了各个国家各个民族的存在和尊严。

第一个把国旗画在脸上的是谁，他是个民族主义者，是个和平主义者，更是一个伟大的天才。

十五

当婴儿哭的时候，大人会给婴儿嘴里塞一个奶嘴；上帝创造了足球后，人类就减少了许多恶气。如果足球是个鬼，它是替死鬼。

我们平日里对我们的联赛不满，好像那儿是个疮，流脓不断，没想世界杯上别的国家队也接二连三地出事，原来吃五谷都生病，疟疾来了都发冷呀！人的秉性差不多，我们的足球我们骂，别的国家足球别的国人也在骂吧？骂吧，都骂吧。问题是这几天我们那么热衷谈论某些国家球队的丑闻呢？恐怕一是比赛一场一场看下来我们疲劳了，二是我们爱看人笑话的毛病又犯了，有些人不是总等着领导讲话时念个错别字吗？不是总希望看到美女在街上断了高跟鞋跟吗？足球不是最早在我们国家流行，至今我们的水平不高，但足球在别的国家或许就是受气包，到中国绝对又是倒霉蛋，它承载的东西除了金钱和名誉，还有更多更多。试想想，别的领域里你想怎么说就能怎么说吗？能怎么骂就可以怎么骂吗？你把对教育的、医疗的、治安的不满，甚或生了老婆的气，丢了一个钥匙，天热得没睡好等等烦恼都往足球这儿骂，足球是我们的一个大痰盂。

那么，没有了这个痰盂呢？

所以，看到国外球队出事不必津津乐道，想想我们的足球也不必骂得不堪入耳。其实我们越骂它，越离不开它。如果全世界的体育里足球是能带来最大的快乐，这种快乐就是怨骂被宣泄后的快乐。

十六

十六强出来了，我们有些丧气，姑且认了澳大利亚吧，却怎么瞧着这角色都不像是亚洲人。输家是允许骂人的，也可以发脾气摔酒瓶，但你得承认咱不行（咱个头矮，马拉多纳也不高呀，人家马拉多纳可是天才！没有大体格和大天才的局面那就得忍耐和等待），而至于扑起来要砸电视机，叫嚣再不看比赛了，那就是喝高了。何必呢，看一部电影，与其咱的亲戚朋友在影片中只扮了一个士兵甲，一出场就在乱枪中倒下了，还真不如亲戚朋友不当这个演员的好。

足球能兴盛于欧洲，那肯定带有欧洲自然环境和文化环境的特性，人家吃饭不用筷子而用刀叉，那是人家吃的多是牛肉。当然足球确实是好东西,我们才引进了也喜欢了,但我们再羡慕而把我们的鼻子垫高也不是人家的鼻子呀!如果能参加比赛又能比赛到八强四强当然好,参加不了比赛也可以自己玩么,梅兰芳唱戏满剧场欢呼,农村里过红白喜事请个草台班子来也热闹得很呀。足球离不开民族情结,但足球所带来的快乐却不仅仅属于政治和民族情结,水再流还是流进海里,月落了月仍然在天上。

看外国电影大片还得掏钱,现在多好,哐哐锵,哐哐锵,十六强捉对儿厮杀了,黑脸的红脸的都出来了,我们就喝啤酒的喝啤酒,嗑瓜子的嗑瓜子,看狗能咬人,人能不能也咬狗,看到底是猪黑还是老鸹黑。

十七

小组赛进行得太正常了,正常得似乎有些平庸,一条大河怎能不起些波澜呢?果然,24日夜,两场淘汰赛,虽到底老虎还是老虎,却差一点猴子就称大王了。

都说德国队和瑞典队有一场好斗,但德国队12分钟就取得了胜利。德国队靠的是年轻气盛,他们有一副好牙齿,逮住了就咬,就嚼,越吃越香,越香越吃得快,满头的淋漓大汗(吃饭能吃出汗的就是胃口好,就是吃好了)。这是男人的吃相。瑞典队或许是老了,或许是太女人气,你倒腾着牙齿嗑豆,数着面条吸溜,当你再吃的时候,盘了里什么都没有了。克林斯曼知道年轻和激情,所以他不断煽哄,每有进球他就跳起来做夸张动作,他这是要给队员看的,他清楚他们的队伍不敢受挫,刚者易折,一记闷棍可能就找不着北了。庆幸的是,瑞典队不是老谋深算者。

而阿根廷队和墨西哥队呢,要命的和不要命的怎么打?你越是不想乱了发型他偏抓了头发把你的头往墙上撞。好的是阿根廷是土命,狗被吊起来没有往口里灌水,而放到地上就又活了。阿根廷人踢进一球赢了,墨西哥踢进两球倒输了,那一球是帮人家踢的,踢进了自己的门。

突然想,足球是什么呀,是一个不爱回家也认不得自己家门的魔鬼?!

十八

昨天的黑夜真黑,看了两场糟糕的比赛,一场像是在烂泥塘里撵鸭子,一场更是乡下的妇女打群架。瞧么,光瞧那些脸,多难看的脸!埃里克森像泥一样瘫在那里,目光呆滞。范巴斯滕僵得如根木头,只显得颧高腮陷。斯科拉里的两片嘴都快喊掉啦。苏里雷斯在瞪谁,眼珠子差点没迸出来。菲戈和鲁尼的五官全挪位了,一个拉得更长,一个缩得更扁。还有那英格兰的门将,球射过来没有抓住球,龇牙咧嘴地倒抱住了厄瓜多尔人的一颗黑脑袋。还有那个荷兰人,球在旁边滚,他却张大鼻翼硬是往人家胯下踢。球场上像是患了高烧病,不是这儿抽筋,就是那儿痉挛,俄罗斯的裁判也是铁青脸,举着电棍打疯子,自己也疯了。

癫狂,惊恐,急躁,慌乱,欺骗,耍赖,使蛮,动粗,迷茫,茫然……这是怎么啦,淘汰赛成了一个魔瓶,人性之劣全出来了?!

冷静了想想,这一定是上帝的安排,在战争和恐怖仍存在的今天,当欢乐的盛典正如火如荼,上帝有意要把足球场变一次哈哈镜,故意把人的弱点放大变形了让人看。当然上帝并不是让人只看到人的恶劣,它要推出的是另一张脸,这就是贝克汉姆的脸!让一张张脸都难看了,只为着推出贝克汉姆的脸!

贝克汉姆是年纪大了,许多声音在嘲笑着他,指责着他,但上帝知道他的价值,他必须上场,必须让他先孤独地在场地一角,然后让他展示精湛的脚法,再然后让他长时间地绽放那一脸漂亮而高贵的笑容。

贝克汉姆拯救了昨天黑夜的比赛,他的笑脸是足球场上的恶中之花。

十九

最后的二十五秒时进了一个球,意大利队赢了。就这样,一个老妇人要过去了要过去了,又咯的一声,活了。

意大利队是典型的一个病人呀,从没有英英武武,却也从没有消失过,每次世界杯都来了,你怎么非议他不言语,你怎么冷落他不在乎,默雷止谤,转毁为缘,只抬个心口像个妇女,让人替他操心又生一点怜惜。但是,多少个拿电灯的提马灯的都掉到沟里去了,他掌着烛,豆大的焰,在风里从山梁上硬是走远了。

一切事实都在告诉着这样的经验:牙齿一颗颗脱落了,舌头依然软和,火焰因烤炙能避,水则平和而易被淹没,历史上哪个王朝坐上龙廷的是第一个揭竿而起的豪杰呢?意大利队是阴柔派,他以柔克刚,以守为攻,伏低隐忍,他山门上的广告如果有句话,就是:坚硬如水。

这样的风格,却不是想这样就能这样,那是气脉结聚所致,可不是吗,为什么队员就都那么高而瘦,为什么就出了忧郁的巴乔,为什么有了马尔蒂尼又有了格罗索,为什么教练总是老马尔蒂尼和里皮那种老狐狸的模样呢?

你得承认澳大利亚是踢得好,那么强悍,那么扼住了意大利的喉咙,但世事见不得太张狂的,更是天行健也要地势坤,天不灭意大利,澳大利亚有什么脾气?我们只能为生命的奇迹感叹。

二十

加纳和巴西比赛没有悬念,向鱼要水鱼给吗?与虎谋皮能谋上吗?看就看一个弱者如何去面对强者,而强者是怎么个强法,为什么就强了?因为现实生活中我们常常要遇上强人,我们也总产生过"取而代之"的念头。

似乎从未听到过巴西队的豪言壮语吧,也从未见过巴西队剑拔弩张严阵以待的庄严劲吧,他们是什么就是什么,不嚣张自夸,也不矫情说我不行。他们是车中的奔驰和宝马,从来不装饰,只擦拭干净。

佩雷拉仍然让罗纳尔多上场,他深知天才便信任天才,山岳表面上虽石头脱落,山岳却不会倒塌破碎。也依然用卡福,虽然卡福不是天才而且年老,但浴不必去江海,要的是能去垢,马不必是骐骥,要之善走。

他们控制了大势,又极力把握细节。加纳什么都做好了,就是细节没做好。门上有针眼大的孔,就能进斗大的风。你辛辛苦苦爬上十层楼来进屋,却发现钥匙拿错了。女人把眼线画好了比用粉把脸擦得再白都显得漂亮,鞋里有了沙子刘翔也跑不快。

本来我是打攻势球的,你要攻那我就退,你要退,我再攻,你一旦是鸡蛋我就是石头,你是铁锤了我给你个棉花包,然后逼着你发急发躁犯错误,你自己绊个跟头就趴下了。

以苍茫于简淡中,以华丽于朴素中,以强硬于温和中。经书上讲:"其德文明而刚健,应乎天而时行,是以元亨。"今日的巴西队也该元亨。

二十一

八强出来了,七个都是老面孔,这像村里过事,坐上席的总是那几位老者。

窃喜的当然是乌克兰,以点球而"竖子成名",即便别人不下眼他,他也不思进取了。倒是德国气冲牛斗,有了野心,披着被子也想上天。至于英格兰、意大利、阿根廷、法国还有那个葡萄牙,都是些老奸巨猾,肯定在使计用谋。不用计谋的只有巴西,好饭量的挑什么食,"执一无失,行微无怠,忠信无倦,而天下自来"么,他气静神闲。

演戏的是疯子,看戏的是傻子。近二十天来最焦虑的我们在休息的这两天可以回顾一下,一回顾却就像装修房子,花了钱又累了人,而花了钱累了人还往往着气,如果花了钱累了人着了气房子能装修得满意也好,偏就不满意。

饭不吃则已,吃了一碗就要吃饱。上帝写的戏谁也不知道结局,那不满意就骂,骂了还得继续往下看。这就是"事不关心,关心者乱;人无下贱,下贱自在"。可再一想,按摩为什么舒服,不就是被敲打了一通吗,一边骂着一边还要看,边看边骂,这就是世界杯的快乐啊。

二十二

有这么个笑话:一个小伙盛夏里穿皮袄,旁人说你小子咋穿的皮袄?小伙说:我有皮袄么,咋不穿?!旁人说你这么躁呀。小伙说:我热着能不躁?!世界杯就是给我们了件皮袄,热是热,却是见谁都亲热,热乎着说赛事。

三十多场球连着看,看得黑天昏地,现在暂休,我们倒成了牛,把吞进肚里的草料又回到嘴里反刍。

反刍很舒服也很享受。

那么就回味:足球是最平民吗,为什么像社戏社火一样把全村的人都搅和起来了?足球是最孤傲吗,为什么比分总那么少,进得多了反倒不精彩?足球是最能激增人的能量吗,为什么队员进了球就都兽吼?足球是大艺术吗,为什么场上场下互动狂欢?

还可回味:有的队胜利了你只记得一场胜利,有的队失败了你却永远忘不了其中的英雄。而有人为谋生踢球,有人为爱好踢球,有人可以踢进一个球几个球做个明星,有人却是为足球生就的,他是天才和大师。

还可回味:怎么世界杯期间就可以撒野,可以说疯话,可以制造噪音邻居不干涉,喝多了酒夜不归宿老婆也能允许?

最可以回味的,是多少年多少年之后,你什么都忘了,却得意你是曾经观看过 2006 年的世界杯的……

二十三

德国和阿根廷的比赛,像是两头牛遇在了小胡同里,互不让路,你喷鼻我也喷鼻,你蹄刨地我也蹄刨地,就那么试探着,吓唬着。恐惧是谁也不敢冒险,保守是唯一的选择。然后同时头角相抵,同时四蹄倾蹬,推着进一步,被推着退一步,最后僵持在那里。

僵持如在依靠,没有观赏性。

美人的形象大致一样,丑人才是各种各样的丑。强者之间很多东西是相同的,他们的较量只有办法,使自己的办法使出来,把对方的办法扼制住。

两个进球都是瞬间闪失的结果,一个如牛腹上突然有了一个虻蝇,仅仅抖动了一下肌肉,一个也是后蹄换姿势时稍稍滑了一下。

但他们又都站住了,像撑着的人字架。如果不是以点球分胜负,他们会同时耗尽力气死去,而死尸仍是那么撑着,成为一个雕塑。

点球是让上帝来钦点,这就是宿命。

入水是为着出水,生就是为了死,点球让阿根廷死得并不难看,活着的德国还有他未完成的任务,谁又能保证他将来会好死吗?

二十四

无知无畏,大人小心,这似乎是一个定律。所以比赛越到后程,各队也都保守。英格兰和葡萄牙不可能踢得精彩,人在不能放松的时候,感觉迟钝,别扭而又特累,于是他们只有窝火,只有暴躁。贝克汉姆当然就受伤了,鲁尼当然要吃红牌。当菲戈也跑不动被换下场后,没有了大将,C.罗纳尔多便跑得如没头苍蝇,那个长胳膊长腿的克劳奇在门前做动作,让人似乎能听见木偶的破裂声。

写文章的人愈写愈惊恐,离过婚的人愈离愈胆小,这是他们清楚自己是怎样走过来的,走到了这一步才知道了人不能胜天。

足球此为天上物,它的另一个名字叫偶然。

具备了体能具备了技术具备了一切的一切,也一定要具备制约偶然的运气。正是这样,球场上才有人祈祷,有人变发型,有人换着另一种颜色的鞋。能指责这是迷信吗?足球场是最大的气功场,它游荡着神灵。

七月一日夜晚,神再一次以点球取舍,英格兰人患上了白内障,而偌大的球门又突然地缩小了,小得球钻不进去……

二十五

这是在演义一场中国的历史:如果足球是小儿皇帝,没有了平民义军的攻城,朝里的权贵必须内讧,但清君侧清到谁也不该是巴西呀,威震一时的首辅宰相就突然地被囚了!

可以用最好的言辞说巴西依然是世界上最好的球队,也可以以最沉痛的心情为巴西离开了世界杯而惋惜,但必须承认在四强争夺战中,他没有法国踢得好,即便就这一场,他确实没踢好。

法国是巴西的克星?或许是,可金能克木,木大木硬了却能卷残刀刃;怎么一而再,再而三地被同一块石头绊倒呢?

法国取胜的功臣自然还是齐达内和亨利，据报载，法国在小组赛踢得并不好，除了慢热的原因外，是齐达内和亨利闹分裂。而战巴西，他们团结了，合作得一个掏出烟一个就点火，那还能不战而不胜?!

参天者多独木，称岳者无双峰，这种崛然独立、耸然独处的人适宜于从事个体活动，而足球是群体的事，齐达内和亨利还没达到贝利和马拉多纳，他们闹分裂就是除数。一只手伤背了不能攥成拳，伤掌了也不能攥成拳。他们能在一个队里是他们的幸福，可怜的舍甫琴科不是无奈地离开了吗？

二十六

比赛是一座塔，王之涣说"欲穷千里目，更上一层楼"，但我们越上越眼黏，到了四强争夺战，唉，云遮雾罩得什么也看不明白了。

英格兰是铁豌豆，并不怕葡萄牙的牙，就怕和葡萄牙踢点球，偏偏就又是以点球定胜负；踢点球是别的门将也还罢了，偏又是里卡多，他曾经有过挡住英格兰点球的经历，结果他竟然这次就扑住了三个！巴西是谁都能赢的就是赢不了法兰西，一次赢不了，怎么十多年来都赢不了，惹不起那就躲着吧，偏偏这时候就碰上！难道冤家一定要聚头，怕鬼鬼真的就来了？事情来得蹊跷，事情能把人怄死，看着贝克汉姆在那里哭泣，看着罗纳尔迪尼奥那疑惑的脸，似乎听得他们在说：天哪?！

天真是在起作用。

但天为什么会这样呢？仅我们的认识,阴阳在互补,五行在变化,否极乃泰来,亢龙而有悔,可弱队怎么永远还在弱着,永远有多远呢,强队不继续强了,继续又如何续呢？科学发展到了今天是仍无法解决天的问题吗,我们寄希望于那些举世闻名的科学家,但那么多的科学家却竟然都皈依了宗教。

或许宗教是可以接近天和理解天意,但在并不是人人都信教的今天,足球这个人类的玩具,仅仅是脚下的玩具,便也呈现着许多神秘而来启示我们。

二十七

我们只关心着半决赛二选一,至于选了谁并不重要;邻家的姑娘订婚,没人把我们叫岳父的;我们只琢磨:谈了那么多朋友,怎么就选中了这小子？

对于意大利队,喜欢的人就喜欢得喊它"万岁",不喜欢的就不喜欢得骂它是"堕落",这全然是对足球的观念差异。其实足球和别的球类最大的不同是它不仅仅是技,而足球有道,虽然技和道是连在一起的,但《易经》毕竟是哲学,它可以算卦,却不是卦签。看球的习惯带倾向看球,这如吃饭有味觉,若没味觉谁肯去做咬嚼吐咽消化排泄的辛苦工作呢？所以如果以球论球,那是教练和球员的事，而教练和球员也只是舞台上的剧的材料，我们要看的是剧情。既然世上有阴阳，可以说，足球一产生，自然要有像意大利这样的队。意大利队不可能永远得势，但意大利队肯定有得势的时候，阳盛阴衰或阴盛阳衰虽有侧重，但阴阳大体总得平衡吧。

创新并不一定就好，保守也不只是贬义词。纵观当今足坛，不能不思考另一个问题：太极图中那双鱼就那么黑白分明吗？是不是最分明处又是最模糊呢？能不能融合呢？好像要融合的早已有之，中国戏剧里让男扮女装，素食店里拿豆腐做鸡猪鸭鱼，可男扮女装比女的还女，以豆腐做鸡猪鸭鱼素得没了素味。好像这样不行，不行是质未改变。报上说阴阳一体的人能量大，声音好的杰克逊是不是二一者没有证据；但我们见过骡子，那是马和驴的后代，体格健壮最能驮运。当荷兰队还在强举着那面曾经赢得欢呼的旗子时，法国队默默地改造着他们的防线，意大利也在锻造着他们的锋刀，他们都不仅仅是阵型上改变，而从本质上化合，所以他们胜利得自然而然。

当我们喝茶还在争论龙井好还是铁观音好，老僧已经在喝茶中悟出禅，而去大殿了。

二十八

又是一个不眠之夜，但这一夜让我们充满了喜悦。法国和葡萄牙的比赛踢得紧张而流畅,激烈而又文明。所有的人,包括巨星也包括那些我们还不熟悉的球员,他们没有让我们不满,而绝妙的配合,匪夷所思的传球动作,一次一次让我们惊艳。当结束的哨音响起,哎呀,双方的球员在拥抱,在窃窃私语,在交换球衣,刚才还是雄狮猛虎,现在竟"双兔傍地走,安能辨我是雄雌"了!

没有人说这是一场假球吧?但肯定有人不解:怎么胜者不欢呼呢,败者不哭泣呢?那样的场面我们曾经见过,甚至我们也曾为那些哭泣者而感动。但这一夜没有。苏东坡是伟大的,他在政治上和王安石争斗了一生,却一生与王安石为友。所以胡兰成不满意林语堂的《苏东坡传》,说苏东坡不恨王安石,而《苏东坡传》里林语堂倒替苏东坡恨王安石了。在这场比赛中,双方的队员都是职业球员,虽然世界杯上他们为各自的祖国踢球,但他们更是为人类踢球,他们在展示着国家球队的实力,也在展示着人的素质和风范。

当我们为一次胜利而欢喜若狂,为一次失败而痛不欲生,输不起也赢不起,那是我们弱小。当我们在看到一些球员有了高难动作便指责:什么时候了还玩火?!这是我们燕雀不知鸿鹄。好鸟能高空飞,好鸟更会贴着水面飞。呈现出一往无前的气概是足球的境界,而在激烈中呈现和谐更是足球的境界。足球是胜利和失败的永恒。因此这样的比赛我们就淡忘了胜利和失败,只记着了那些双方的精英。历史就是这样,一切王朝转换都过去了,光辉的就是那些人物。

二十九

　　球场和剧场不一样,剧场里导演不露面让演员表演,球场里球员在表现的时候,教练在场边表演。

　　斯科拉里年轻时肯定很横,老了也一身邪气。他始终在咆哮,静下来也是嘟囔。他嘴唇很薄。他是挑着大粪过闹市,人人都烦他,但都得让路。

　　克林斯曼像富家子弟,但不是恶少,他有三国周瑜之才,但得意而忘乎所以,只能如项羽"沐猴而冠"。范巴斯滕就本分着,可又尽量的老成,极力庄严,但两次镜头泄露了他的稚嫩,一是换人时他俯身征询助手意见,一是球队陷入颓势,他僵硬如木,顿时憔悴。克林斯曼可以做很好的摇滚乐手,范巴斯滕做领导绝对大权旁落,他不会怒,不怒更没有威。

　　希丁克是二战的巴顿再世。此人胆大包天,如果是鱼,是条鲨鱼;如果从政,当不了副手。

　　最典型的老狐狸是里皮和埃里克森,他们从不张扬,站不直,坐不端,低眉垂眼,可怜兮兮,但他们常常把你卖了你还帮他们数钱。

　　佩雷拉似乎总在笑,怎么笑也像个挨冻的洋芋,吉马良斯老在惊恐地张望,像出了窝的兔子。

　　那个多梅内克呢? 一头白发显示不了沧桑,坐着不动也称不上沉稳。自己的球员进球了人人都在欢呼,他似乎也激动地做了个动作,但是小动作有些羞涩和不好意思。

能当教练都不是平地卧的角色。逮猪娃看母猪,有什么样的教练就有什么样的球队。但是大相者常常出格,岳飞的书法一看就是将军写的,但左宗棠的书法却温润敦厚;张大千的形象绝对是个大画家,而十个人见了大画家吴冠中九个人以为他是老农。

足球场上我们欢呼的是那些天才的球星,足球史上铭记的仍有伟大的教练。

三十

比赛到了现在,如果说最不甘心的是希丁克,最郁闷的是卡恩,最遗憾的是罗纳尔迪尼奥,那齐达内和C罗却最引人注目。

所有的人都在歌颂齐达内了,他也确实伟大,但齐达内的铁青脸成了庄严的代名词,秃头也象征了智慧的时候,让我们就觉得有趣。当年文学界热《百年孤独》,文人们读过的说好,没读过的也说好,读懂了的说好,没读懂的也说好;似乎不说好你就不文学,落后了,没水平。齐达内成了神,世界杯需要这样的神,神就供在庙里,大家一起磕头。而C罗呢,这小子,什么时候倒成了争议人物?嗨,谁还管他什么时候因什么事受争议呢,反正他的名字已经等同于争议,人们就睁大眼睛看他的一举一动,等待着他的不是,然后放大了开始争议。比如他脚法华丽,这可以是玩弄技巧呀;他被绊倒了,虽然被绊得不太严重,但摔倒就是假摔呀,他进了球吼叫,这多狂傲呀。已经有了正面形象的齐达内,当然需要一个反面形象的C罗。气球的命是被吹的,越吹会飞得越高,核桃的命是被砸的,砸开了仁儿才能吃上。世事真是有意思,山顶上的长松威风高高翔过,幽谷里的漆树人们采集着漆膏而千刀万刀地割下伤痕。

三十一

如果冠亚军比赛是战争缩影,三四名比赛就是艺术演出。

七月八日夜,教练虽然还不安静,但脸上肌肉已经活泛。裁判的哨音在减少。球员也改变了凶相。而比赛呢,正位居体,畅于四肢,认得家的球它变着花样往门里进,不愿回家的球耍着花招要溜走,中场是千条线,万条线,球门前是乱了一团黑点。

足球的起源不就是人的一种玩吗?吃饱了饭,没事干,聚在一起玩着出上一身汗,郁闷的就不郁闷了,疲劳的就不疲劳了,松了筋骨,胃也开张。因为玩得从容,艺术也于是在从容中产生。但是,不知什么时候足球就有了意义,意义越来越重,足球就成了政治和利益,足球的可玩性就减弱了。

往日球场上的观众不是挥拳呐喊就是痛哭流涕,空气都是燥的,划根火柴可能就引起爆炸,这一夜球场人浪起伏,却像风吹过六月的麦田,洋溢的是清新的香气。

我们已经习惯也极力追求人在地上行走的时候精神要去天空

飞翔,但哪知在极力强调和追求的时候,我们行走的脚步却沉重得难以抬起。烦闷的生活使全世界的人都需要四年来一次杯赛而放松,可举办上一次世界杯又使多少球队多少球迷更有了四年的无法解脱的重负。

三四名比赛人人都认为最精彩,人人都认为它无关痛痒。

三十二

冠军产生了。

也就是说,比赛比得只剩下了一个队。

看着大力神杯被意大利人高高捧起,世界杯结束了。这就结束了?折腾了一个月就为了这么个结束吗?!面对着关掉的电视(我们面对的世界杯一直是电视),半夜里正倾盆大雨,风声雨声里更是一个巨大的寂静。

三十二支球队集中在德国,大力神杯就如同了一只兔子,兔子在前边跑,他们在后边追,不是一只兔子可以分成三十二只,只因三十二支球队名分未定。

而我们是山上砍樵的、挖药的,看见了松下有博弈者就去观棋,我们是不请自去的,是自作多情的,又多言多语自以为是。但棋下毕了,下棋的夹着棋盘走了,我们说一句:不下了?!若有所失。

世界杯虽是人类的盛典,却如同做父母的在星期天里等候儿女们回来一样,儿女们回来了,吃了喝了玩了又走了,剩下老两口和一水池子要刷的碗筷。但父母喜欢儿女们回来,他们图的是热闹的过程。

大力神杯这四年将放在意大利,四年后又不知会去谁家?人民币在我们中间流通,流通中便衍生了人间的喜怒哀乐,它经过每一个人都有一个故事。

日子太整齐也太沉闷,日子里才有了节日,就像房子里安着门和窗,世界杯是大节日,相当于一面落地窗。当然了,世界杯对于我们还是山头上的白云,爬上山头云却还远,是潭中的月,拨开了水面月却更深,但没有云就没有了天,没有月夜太漆黑,我们经历了这一届世界杯,那就又得盼望着下一届了。

第三辑

我有一个狮子军

我体弱多病,打不过人,也挨不起打,所以从来不敢在外动粗,口又浑,与人有说辞,一急就前言不搭后语,常常是回到家了,才想起一句完全可以噎住他的话来。我恨死了我的窝囊。我很羡慕韩信年轻时的样子,佩剑行街,但我佩剑已不现实,满街的警察,容易被认作行劫嫌疑。只有在屋里看电视里的拳击比赛。我的一个朋友在他青春蓬勃的时候,写了一首诗:"我提着枪,跑遍了这座城市,挨家挨户寻找我的新娘。"他这种勇气我没有。人心里都住着一个魔鬼,别人的魔鬼,要么被女人征服,要么就光天化日地出去伤害,我的魔鬼是汉罐上的颜色,出土就气化了。

一日在屋间画虎,画了很多虎,希望虎气上身,陕北就来了一位拜访我的老乡,他说,与其画虎不如弄个石狮子,他还说,陕北人都用石狮子守护的,陕北人就强悍。过了不久,他果然给我带来了一个石狮子。但他给我带的是一种炕狮,茶壶那般大,青石的,据说雕凿于宋代。这位老乡给我介绍了这种炕狮的功能,一个孩子要有一个炕狮,一个炕狮就是一个孩子的魂,四岁之前这炕狮是不离孩子的,一条红绳儿一头拴住炕狮,一头系在孩子身上,孩子在炕上翻滚,有炕狮拖着,掉不下炕去,长大了邪鬼不侵,刀枪不入,能踢能咬,敢作敢为。这个炕狮我没有放在床上,而是置于案头,日日用手摩挲。我不知道这个炕狮曾经守护过谁,现在它跟着我了,我叫它:来劲。来劲的身子一半是脑袋,脑袋的一半是眼睛,威风又调皮。

古董市场上有一批小贩,常年走动于书画家的家里以古董换字画,这些人也到我家来,他们太精明,我不愿意和他们纠缠。他们还是来,我说:你要不走,我让来劲咬你!他们竟说:你喜欢石狮子呀?我们给你送些来!十天后果真抬来了一麻袋的石狮子。送来的石狮子当然还是炕狮,造型各异,我倒暗暗高兴,萌动了我得有个狮群,便给他们许多字画,便让他们继续去陕北乡下收集。我只说收集炕狮是很艰难的事情,不料十天半月他们就抬来一麻袋,十天半月又抬来一麻袋,而且我这么一收,许多书画家也收集,不光陕北的炕狮被收集,关中的小石狮也被收集,石狮收集竟热了一阵风,价钱也一涨再涨,断堆儿平均是一个四五百元,单个儿品相好的两千三千不让价。

我差不多有了一千个石狮子。已经不是群,可以称作军。它们在陕北、关中的乡下是散兵游勇,我收编它们,按大小形状组队,一部分在大门过道,一部分在后门阳台,每个小房门前列成方阵,剩余的整整齐齐护卫着我的书桌前后左右。世上的木头石头或者泥土铜铁,一旦成器,都是有了灵魂。这些狮子在我家里,它们是不安分的,我能想象我不在家的时候,它们打斗嬉闹,会把墙上的那块钟撞掉,嫌钟在算计我。我要回来了,在门外咳嗽一下,屋里就全然安静了,我一进去,它们各就各位低眉垂手,阳台上有了窃窃私语,我说:谁在喧哗?顿时寂然。我说:"嗨!"四下立即应声如雷。我成了强人,我有了威风,我是秦始皇。

秦始皇骑虎游八极,我指挥我的狮军征杀去,北伐去,兵来将挡,水来土淹,所向披靡,一吐恶气。往日诽谤我、羞辱我的人把他绑来吧,但我不杀他,让来劲去摸他的脸蛋,我知道他是投机主义者,他会痛哭流涕,会骂自己是猪屎。从此,我再不吟诵忧伤的诗句:"每一粒沙子都是一颗渴死的水。"再不生病了拿自己的泪水喝药。我要想谁了,桌上就出现一枝玫瑰。楼再高不妨碍云向西飞,端一盘水就可收月。书是我的古先生,花是我的女侍者。

到了这年的冬天,我哪儿都敢去了,也敢对一些人一些事说不,我周围的人说:你说话这么口重?我说:手痒得很,还想打人哩!他们不明白我这是怎么啦。他们当然不知道我有了狮军,有了狮军,我虽手无缚鸡之力,却有了翻江倒海之想。这么张狂了一个冬季,但是到了年终,我安然了。安然是因为我遇见大狮。

我的一个朋友,他从关中收购了一个石狮,有半人多高,四百余斤。大的石狮我是见得多了,都太大,不宜居住楼房的我收藏,而且凡大的石狮都是专业工匠所凿,千篇一律的威严和细微,它不符合我的审美。我朋友的这个狮子绝对是民间味,狮子的头极大,可能是不会雕凿狮子的面部,竟然成了人的模样,正好有了埃及金字塔前的蹲狮的味道。我一去朋友家,一眼看到了它,我就知道我的那些狮子是乌合之众了。我开始艰难地和朋友谈判,最终以重金购回。当六人抬着大狮置于家中,大狮和狮群是那样的协调,使你不得不想到狮群在一直等待着大狮,大狮一直在寻找着狮群。我举办了隆重的拜将仪式,拜大狮为狮军大将军。

有了大将军统领狮军,说不来的一种感觉,我竟然内心踏实,没了躁气,是很少给人夸耀我家里的狮子了。我似乎又恢复了我以前的生活,穿臃臃肿肿的衣服,低头走路。每日从家里提了饭盒到工作室,晚上回去。来人了就陪人说话,人走了就读书写作。不搅和是非,不起风波。我依然体弱多病,讷言笨舌,别人倒说"大人小心",我依然伏低伏小,别人倒说"圣贤庸行"。出了门碰着我那个邻居的孩子,他曾经抱他家的狗把屎拉在我家门口,我叫住他,他跑不及,站住了,他以为我要骂他揍他,惊恐地盯着我,我拍了拍他的头,说:你这小子,你该理理发了。他竟哭了。

记五块藏石

红蛙：红灵璧石，样子像蛙，不多一分，也不少一分；是站在田埂欲跳的那一种，或许是瞧见了稻叶上的一只蜻蜓的那个瞬间，形神兼备。它的嘴大而扁，沿嘴边一道白线。眼睛突鼓，粉红一圈，中间为红中泛紫色，产生一种水汪汪的亮色。通体暗红，颚下以至前爪红如朱砂。来人初见，莫不惊讶，久看之，颚下部似乎一呼一吸地动。我名凹，蛙与凹同音，素来在宴席上不食青蛙和牛蛙，得之此石，以为是生灵回报，珍视异常，置于案上石佛的左侧，让其成神。

乌鸡：家人属相是鸡，恰生日前得此葡萄玛瑙石，甚为吉祥。玛瑙石本身名贵，如此大的体积又酷像鸡就更稀罕。脖子以上，密集葡萄珠，乌黑如漆，翅至尾部色稍浅，光照透亮。我藏石头，一半是朋友赠送或自捡，一半是以字画换取，一幅字可换数件石，而此石来自内蒙古，要价万元，几经交涉到八千元，遂书四幅斗方。

小鬼：灵璧石，完整无损的小人形状，有双目，有鼻有口，头颅椭圆。身子稍倾斜，双手相拱。有肚脐眼和下身。极其精灵幽默。买时围观者很多，都说此石太像人，但因双目深陷如洞，像是鬼，嫌放在家里害怕。我不怕鬼，没做亏心事，而且鬼有鬼的可爱处，何况家里画的有钟馗像哩。

珊瑚：这是一块巨大的珊瑚化石。我喜欢大的。搬上楼的时候，四个人抬的，放在厅里果然威风得很。整个石头是焦黑色，珊瑚节已磨平，呈现出鱼鳞一样的甲纹。珊瑚石许多，但如此大的平石板状的珊瑚石恐怕是极少极少的吧。我题词：海风山骨。唯一担心的是楼板负重不起，每次移动莫不小心翼翼。

胡琴：以前我有个树根，称谓美人琴，后来送了别人。又曾得到过一个八音石，敲之音韵极好，但没有形状。这块石头下是一椭圆，上是一个长柄，像琵琶，但比琵琶杆儿长了许多，且长柄梢稍弯，有几处突出的齿，我便称之为胡琴。此胡琴无弦的，以石敲之，各处音响不同。朋友送我的时候，是在酒席上，他喝多了，说有个宝贝，你如果说准琴棋书画中的一个就送你。我不假思索说是琴。他仰天长叹：这是天意！我怕他酒醒反悔，立即去他家，到家时他酒醒了，抱了这石琴一边作弹奏动作一边狂歌，样子让人感动，我就不忍心索要了。但他豪爽，一定要送我，再一次说：这是天意，这是缘分啊！

人与石头确实是有缘分的。这些石头能成为我的藏品，却有一些很奇怪的经历，今日我有缘得了，不知几时缘尽，又归落谁手？

好的石头就是这么与人产生着缘分,而被人辗转珍藏在世间的。或许,应该再换一种思维,人与自然万物的关系不仅仅是一种和谐,我们其实不一定是万物之灵,只是普通一分子,当我们住进一所房子后,这房子也会说:我们有缘收藏了这一个人啊!

丑　石

我常常遗憾我家门前的那块丑石呢：它黑黝黝地卧在那里，牛似的模样；谁也不知道是什么时候留在这里的，谁也不去理会它。只是麦收时节，门前摊了麦子，奶奶总是要说：这块丑石，多碍地面哟，多时把它搬走吧。

于是，伯父家盖房，想以它垒山墙，但苦于它极不规则，没棱角儿，也没平面儿；用錾破开吧，又懒得花那么大气力，因为河滩并不甚远，随便去捐一块回来，哪一块也比它强。房盖起来，压铺台阶，伯父也没有看上它。有一年，来了一个石匠，为我家洗一台石磨，奶奶又说：用这块丑石吧，省得从远处搬动。石匠看了看，摇着头，嫌它石质太细，也不采用。

它不像汉白玉那样的细腻，可以錾下刻字雕花，也不像大青石那样的光滑，可以供来浣纱捶布；它静静地卧在那里，院边的槐荫没有庇覆它，花儿也不再在它身边生长。荒草便繁衍出来，枝蔓上下，慢慢地，竟锈上了绿苔、黑斑。我们这些做孩子的，也讨厌起它来,曾合伙要搬走它,但力气又不足;虽时时咒骂它,嫌弃它,也无可奈何,只好任它留在那里去了。

稍稍能安慰我们的,是在那石上有一个不大不小的坑凹儿,雨天就盛满了水。常常雨过三天了,地上已经干燥,那石凹里水儿还有,鸡儿便去那里渴饮。每每到了十五的夜晚,我们盼着满月出来,就爬到其上,翘望天边;奶奶总是要骂的,害怕我们摔下来。果然那一次就摔了下来,磕破了我的膝盖呢。

人都骂它是丑石,它真是丑得不能再丑的丑石了。

终有一日,村子里来了一个天文学家。他在我家门前路过,突然发现了这块石头,眼光立即就拉直了。他再没有走去,就住了下来;以后又来了好些人,说这是一块陨石,从天上落下来已经有二三百年了,是一件了不起的东西。不久便来了车,小心翼翼地将它运走了。

这使我们都很惊奇!这又怪又丑的石头,原来是天上的呢!它补过天,在天上发过热,闪过光,我们的先祖或许仰望过它,它给了他们光明,向往,憧憬;而它落下来了,在污土里,荒草里,一躺就是几百年了?

奶奶说:"真看不出!它那么不一般,却怎么连墙也垒不成,台阶也垒不成呢?"

"它是太丑了。"天文学家说。

"真的,是太丑了。"

"可这正是它的美!"天文学家说,"它是以丑为美的。"

"以丑为美?"

"是的,丑到极处,便是美到极处。正因为它不是一般的顽石,当然不能去做墙,做台阶,不能去雕刻,捶布。它不是做这些小玩意儿的,所以常常就遭到一般世俗的讥讽。"

奶奶脸红了,我也脸红了。

我感到自己的可耻,也感到了丑石的伟大;我甚至怨恨它这么多年竟会默默地忍受着这一切?而我又立即深深地感到它那种不屈于误解、寂寞的生存的伟大。

狐　石

　　我想,这世上的相得相失都是有着缘分的,所以赵源在显摆它的时候,我开了口,他只得送与了我。赵源说:我保存了它七年,不曾一日离过身的。或许是这样,我说,可我等了它七年。

　　七年不是个小的时间。

　　那是在乡下,冬天里的一场雪,崖根下出现了一溜梅花印,房东阿哥说夜里走过狐了。从那一刻起,我极力想认识狐,欲望是那么强烈。曾追了梅花去寻,只寻到梦里。梦里的狐是一团火红,因此它的蹄印才是梅花。以后是朝朝暮暮读《聊斋》,要做那赶考前闭门读书的白面书生。结果是年过四十,误了仕途,废了经济,一身愁病,老婆也离我而去了。一切求适应一切都未能适应,原本到了不惑却事事怎能不惑,我不知道了这是什么命运?好是孤寂一人的时候,又是下雪的冬天,赵源送了它来,我才醒悟我为什么鬼催般的离了婚,又不顾一切地摆脱名誉利禄,原来是它要到来。

　　多么感念赵源!他从远远的地方来,在这个城市里打问了数天,昔日的同学,今日却做了一回使者了。

我捧在手心,站在窗前的阳光下,一遍一遍地看它。它确实太小了,只有指头蛋大,整个形状为长方形,是灰泥石的那种,光滑洁净,而在一面的右下角,跪卧了那只狐的。狐仍是红狐,瘦而修长,有小小的头,有耳,有尖嘴,有侧面可见的一只略显黄的眼睛,表情在倾听什么,又似乎同时警惕了某一处的动静,或者是长跑后的莫名其妙的沉思。细而结实的两条前肢,一条撑地,使身子坐而不坠,弹跃欲起,一条提在胸前,腰身直竖了个倒三角,在三角尖际几乎细到若离若断了,却优美地伏出一个丰腴的臀来,臀下有屈跪的两条后肢,一条蓬蓬勃勃的毛尾软软地从后向前卷出一个弧形。整个狐,鸡血般的红,几乎要跳石而出。我去宝石店里托人在石的左上角凿一小眼儿,用细绳系在脖颈上。这狐就日夜与我同在了。

惊奇的是,这狐的模样与我七年前想象的狐十分相似。这狐肯定是要来迷惑我的。但它知道,它是兽,我是人,人兽是不能相见的,相见必是残杀,世间那么多狐皮的制品,该是枉杀了多少钟情的尤物。但它一定是为了见到我,七年里苦苦修炼,终于成精,就寄身在这小小的石头里来相会了。

这样的觉悟使我心花怒放,愈是整日面对了狐石想入非非,一次次呼它而出,盼望它有《聊斋》的故事,长存天地间的一段传奇。我差不多要神经了,几十多岁的人,从不会相思,学会了相思,就害相思,终日想它,不去想它,岂不想它?!身子于是瘦下来,越发多病多愁,疑心是中了狐精之邪了。我不管的,既是这狐吮我的精气而幻生,在那一个美丽的生命里有我的成分,我也是美丽的;既是我被狐吞噬,以它的腹部作为我的坟墓又何尝不是好的归宿呢?我这般企图着,但我究竟还是我,狐石依旧是石头,石头不是鸡蛋,不能暖熟的,倒恍惚了这石上恐怕是没有红狐的,它的显示全因了我的幻想,如达摩石壁的影石吧。

也就在这个冬天的那场雪里,一日,我往园子赏一株梅的,正吟着"梅似雪,雪如人,都无一点尘",梅的那边有五个女子在叫着"狐!狐!"就一片浪笑。原来其中一个,长腿蜂腰,一手往上拥着颧骨,一手抓了鼻子往下拉扯,脸庞窄削变形,眉与眼两头尖尖地斜竖起来,宛若狐相。我几乎被这场面看呆了,失态出声,浪笑戛然而止,该窘的原本属五个女子,我却拽梅逃避,撞得梅瓣落了一身。

这一回败露了村相,夜梦里却与那女子熟起来,她实在是通体灵性的人,艳而不妖,丽而不媚,足风标,多态度,能观音,能听看,轻骨柔姿,清约独韵。虽然有点野,野生动力,激发了我无穷的想象力和创造力。

终有一天,我想,我会将狐石系在了她的脖颈上,说:这个人儿,你已经幻化了与我同形,就做我的新妻吧。

"卧虎"说

我说的"卧虎",其实是一块石头,被雕琢了,守在霍去病的墓侧。自汉至今,鸿雁南北迁徙,日月东西过往,它竟完好无缺,倒是天光地气,使它生出一层苔衣,驳驳点点的,如丽皮斑纹一般。黄昏里,万籁俱静了,走进墓地,拨荒草悠悠然进去,蓦地见了:风吹草低,夕阳腐蚀,分明那虎正骚动不安地冲动,在未跃欲跃的瞬间;立即要使人十二分地骇怕了!怯生生绕着看了半天,却如何不敢相信寓于这种强劲的动力感,竟不过是一个流动的线条和扭曲的团块结合的石头的虎,一个卧着的石虎,一个默默的稳定而厚重的卧虎的石头!

前年冬天,我看到这只卧虎时,喜爱极了,视有生以来所见的唯一艺术妙品,久久揣赏,感叹不已,想生我育我的商州地面,山川水土,拙厚、古朴、旷远,其味与卧虎同也。我知道,一个人的文风和性格统一了,才能写得得心应手,一个地方的文风和风尚统一了,才能写得入情入味,从而悟出要作我义,万不可类那种声色俱厉之道,亦不可沦那种轻靡浮艳之华。"卧虎",重精神,重情感,重整体,重气韵,具体而单一,抽象而丰富,正是我求之而苦不能的啊!

我在那墓场待了三日,依依不肯离去。我总是想:一个混混沌沌的石头,是出自哪个荒寂的山沟呢?被雕刻家那么随便一凿,就活生生成了一只虎了?而固定的独独一块石头,要凿成虎,又受了多大的限制?可正是有了这种限制,艺术才得到了最充分的自由吗?貌似缺乏艺术,而真正的艺术则来得这么的单纯,朴素,自然,真切!

静观卧虎,便进入一种千钧一发的境界,卧虎是力的象征。我们的民族,是有辉煌的历史,但也有过一片黑暗和一片光明的年代,而一片光明和一片黑暗一样都是看不清任何东西的。现在,正需要五味子一类的草药,扶阳补气,填精益髓。文学应该是与世界相通的吧,我们的文学也一样是需要五味子了,如此而已。

但是,这竟不是一个仰天长啸的虎,竟不是一个扑、剪、掀、翻的虎,偏偏要使它欲动,却终未动地卧着?卧着,内向而不呆滞,寂静而有力量,平波水面,狂澜深藏,它卧了个恰好,是东方的味,是我们民族的味。

以中国传统的美的表现方法,真实地表达现代中国人的生活和情绪,这是我创作追求的东西。但是,实践却是那么艰难,每走一步,犹如乡下人挑了鸡蛋筐子进闹市,前虑后顾,唯恐有了不慎,以致怀疑到了自己的脚步和力量。终有幸见到了"卧虎",我明白了,且明白往后的创作生涯,将更进入一种孤独境地。喜从此有了"源于高度的自信",进一步"精于其道的自感"(这是袁运甫的画语),我想,艺术于我是亲近的。

  我的"卧虎"啊……

陶　俑

秦兵马俑出土以后，我在京城不止一次见到有人指着在京工作的陕籍乡党说：瞧，你长得和兵马俑一模一样！话说得也对，一方水土养一方人，一方人在相貌上的衍变是极其缓慢的。我是陕西人，又一直生活在陕西，我知道陕西在西北，地高风寒，人又多食面食，长得腰粗膀圆，脸宽而肉厚，但眼前过来过去的面孔，熟视无睹了，倒也弄不清陕西人长得还有什么特点。史书上说，陕西人"多刚多蠢"，刚到什么样，又蠢到什么样，这可能是对陕西的男人而言，而现今陕西是公认的国内几个产美女的地方之一，朝朝代代里陕西人都是些什么形状呢，先人没有照片可查，我只有到博物馆去看陶俑。

最早的陶俑仅仅是一个人头，像是一件器皿的盖子，它两眼望空，嘴巴微张。这是史前的陕西人。陕人至今没有小眼睛，恐怕就缘于此，嘴巴微张是他们发明了陶埙，发动起了沉沉的土声。微张是多么好，它宣告人类已经认识到自己在这个世界上的位置，它什么都知道了,却不夸夸其谈。陕西人鄙夷花言巧语,如今了,还听不得南方"鸟"语,骂北京人的"京油子",骂天津人的"卫嘴子"。

到了秦,就是兵马俑了。兵马俑的威武壮观已妇孺皆晓,马俑的高大与真马不差上下,这些兵俑一定也是以当时人的高度而塑的,那么,陕西的先人是多么高大!但兵俑几乎都腰长腿短,这令我难堪,却想想,或许这样更宜于作战。古书上说"狼虎之秦",虎的腿就是矮的,若长一双鹭鸶腿,那便去做舞伎了。陕西人的好武真是有传统,而善武者沉默又是陕西人善武的一大特点。兵俑的面部表情都平和,甚至近于木讷,这多半是古书上讲的愚,但忍无可忍了,六国如何被扫平,陕西人的爆发力即所说的刚,就可想而知了。

秦时的男人如此,女人呢,跽坐的俑使我们看到高髻后挽,面目清秀,双手放膝,沉着安静,这些俑初出土时被认作女俑,但随着大量出土了的同类型的俑,且一人一马同穴而葬,又唇有胡须,方知这也是男俑,身份是在阴间为皇室养马的"圉人"。哦,做马夫的男人能如此清秀,便可知做女人的容貌姣好了。女人没有被塑成俑,是秦男人瞧不起女人还是秦男人不愿女人做这类艰苦工作,不可得知。如今南方女人不愿嫁陕西男人,嫌不会做饭,洗衣,裁缝和哄孩子,而陕西男人又臭骂南方男人竟让女人去赤脚插秧,田埂挑粪,谁是谁非谁说得清?

汉代的俑就多了,抱盾俑,扁身俑,兵马俑。俑多的年代是文明的年代,因为被殉葬的活人少了。抱盾俑和扁身俑都是极其瘦的,或坐或立,姿容恬静,仪态端庄,服饰淡雅,面目秀丽,有一种含蓄内向的阴柔之美。中国历史上最强盛的为汉唐,而汉初却是休养生息的岁月,一切都要平平静静过日子了,那时的先人是讲究实际的,俭朴的,不事虚张而奋斗的。陕西人力量要爆发时,那是图穷匕首现的,而蓄力的时候,则是长距离的较劲。汉时民间雕刻有"汉八刀"之说,简约是出名的,茂陵的石雕就是一例,而今,陕西人的大气,不仅表现在建筑、服饰、饮食、工艺上,接人待物言谈举止莫不如此。犹犹豫豫,瞻前顾后,不是陕西人性格,婆婆妈妈,鸡零狗碎,为陕西人所不为。他不如你的时候,你怎么说他,他也不吭,你以为他是泼地的水提不起来了,那你就错了,他入水瞄着的是出水。

汉兵马俑出土最多,仅从咸阳杨家湾的一座墓里就挖出三千人马。这些兵马俑的规模和体型比秦兵马俑小,可骑兵所占的比例竟达百分之四十。汉时的陕西人是善骑的。可惜的是现在马几乎绝迹,陕西人自然少了一份矫健和潇洒。

陕西人并不是纯汉种的,这从秦开始血统就乱了,至后年年岁岁地抵抗游牧民族,但游牧民族的血液和文化越发杂混了我们的先人。魏晋南北朝的陶俑多是武士,武士里相当一部分是胡人。那些骑马号角俑、春米俑,甚至有着人面的镇墓兽,细细看去,有高鼻深目者,有宽脸彪悍者,有眉清目秀者,也有饰"魋髻"的滇蜀人形象。史书上讲过"五胡乱华",实际上乱的是陕西。人种的改良,使陕西人体格健壮,易于容纳,也不善工计,易于上当受骗。至今陕西人购衣,不大从上海一带进货,出门不愿与南方人为伴。

正是有了南北朝的人种改良,隋至唐初,国家再次兴盛,这就有了唐中期的繁荣,我们看到了我们先人的辉煌——

天王俑:且不管天王的形象多么威武,仅天王脚下的小鬼也非等闲之辈,它没有因被踩于脚下而沮丧,反而跃跃欲试竭力抗争。这就想起当今陕西人,有那一类,与人抗争,明明不是对手,被打得满头满脸的血了却还往前扑。

三彩女侍俑:面如满月,腰际浑圆,腰以下逐渐变细,加上曳地长裙构成的大面积的竖线条,一点也不显得胖或臃肿,倒更为曲线变化的优美体态。身体健壮,精神饱满,以力量为美,这是那时的时尚。当今陕西女人,两种现象并存,要么冷静、内向、文雅,要么热烈、外向、放恣,恐怕这正是汉与唐的遗风。

骑马女俑:马是斑马,人是丽人,袒胸露臂,雍容高雅,风范犹如十八世纪欧洲的贵妇。

梳妆女坐俑:裙子高系,内穿短襦,外着半袖,三彩服饰绚丽,对镜正贴花黄。

随着大量的唐女俑出土,我们看到了女人的发式多达一百四十余种。唐崇尚的不仅是力量型,同时还是表现型。男人都在展示着自己的力量,女人都在展示着自己的美,这是多么自信的时代!

陕西人习武健身的习惯可从一组狩猎骑马俑看到,陕西人的幽默、诙谐可追寻到另一组说唱俑。从那众多的昆仑俑、骑马胡人俑、骑卧驼胡人俑、牵马胡人俑,你就能感受到陕西人的开放、大度、乐于接受外来文化了。而一组塑造在骆驼背上的七位乐手和引吭高歌的女子,使我们明白了陕西的民歌戏曲红遍全国的根本所在。

秦过去了,汉过去了,唐也过去了,国都东迁北移与陕西远去,一个政治经济文化的中心日渐消亡,这成了陕西人最大的不幸。宋代的捧物女绮俑从安康的白家梁出土,她们文雅清瘦,穿着"背子"。还有"三搭头"的男俑。宋代再也没有豪华和自信了,而到了明朝,陶俑虽然一次可以出土三百余件,仪仗和执事队场面壮观,但其精气神已经殆失,看到了那一份顺服与无奈。如果说,陕西人性格中某些缺陷,呆滞呀,死板呀,按部就班呀,也都是明清精神的侵蚀。

每每浏览了陕西历史博物馆的陶俑,陕西先人也一代一代走过,各个时期的审美时尚不同,意识形态多异,陕西人的形貌和秉性也在复复杂杂中呈现和完成。俑的发生、发展至衰落,是陕西人的幸与不幸,也是两千多年的中国历史的幸与不幸。陕西作为中国历史的缩影,陕西人也最能代表中国人。二十世纪之末,中国实行改革开放政策,地处西北的陕西是比沿海一带落后了许多,经济的落后导致了外地人对陕西人的歧视,我们实在是需要清点我们的来龙去脉,我们有什么,我们缺什么,经济的发展文化的进步,最根本的并不是地理环境而是人的呀,陕西的先人是龙种,龙种的后代绝不会就是跳蚤。当许许多多的外地朋友来到陕西,我最于乐意的是领他们去参观秦兵马俑,去参观汉茂陵石刻,去参观唐壁画,我说:"中国的历史上秦汉唐为什么强盛,那是因为建都在陕西,陕西人在支撑啊,宋元明清国力衰退,那罪不在陕西人而陕西人却受其害呀。"外地朋友说我言之有理,却不满我说话时那一份红脖子涨脸:瞧你这尊容,倒又是个活秦兵马俑了!

古土罐

我来自乡下,爱吃家常饭,爱穿随便衣,收藏也只喜欢土罐。西安是古汉唐国都,出土的土罐多,土罐虽为文物,但多而价贱,国家政策允许,容易弄来,我就藏有近百件了。家居的房子原本窄狭,以至于写字台上、书架上、客厅里,甚至床的四边,全是土罐。我是不允许孩子们进我的房子,他们毛手毛脚,担怕撞碎,胖子也不让进来,因为所有空间只能独人侧身走动。曾有一胖妇人在转身时碰着了一个粮仓罐,粮仓罐未碎,粮仓罐上的一只双耳唐罐掉下来破为三片。

许多人来这里叫喊我是仓库管理员,更有人抱怨房子阴气太重,说这些土罐都是墓里挖出来的,房子里放这么多怪不得你害病。我是长年害病,是文坛上著名的病人,但我知道我的病与土罐无关,我没这么多土罐时就病了的。至于阴气太重,我却就喜欢阴,早晨能吃饭的是神变的,中午能吃饭的是人变的,晚上能吃饭的是鬼变的,我晚上就能吃饭,多半是鬼变的。有客人来,我总爱显示我的各种土罐,说它们多朴素,多大气,多憨多拙,无人了,我就坐在土罐堆中默看默笑,十分受活。

我是很懒惰的人,不大出门走动,更害怕去社交应酬。自书画渐渐有了名,虽别人以金来购,也不大动笔,人骂我惜墨,吝啬佬,但凡听说哪儿有罐,可以弄到手,不管白日黑天,风寒雪雨,我立即就赶去了。许多人因此而骗我,提一只土罐来换几个字,或要送我一只土罐而要求去赴一个堂会,上当受骗多了,我也知道要去上钩入瓮,但我控制不了我,我受不了土罐的诱惑。我想,在权力、金钱、女色、名誉诸方面,我绝对有共产党人的品质,而在土罐方面不行。对于土罐的如此嗜好,连我也觉得不解,或许我上上的哪一世曾经是烧窑的?或许我上上的哪一世是个君王富豪?

这些土罐,少量是古董市场上买的,大量是以字画变换,还有一些,是我使了各种手段从朋友、熟人手中强夺巧取而来。在我洋洋得意收藏了近百的土罐之时,一日去友人芦苇家,竟然见得他家有一土罐大若两人搂抱,真是馋涎欲滴,过后耿耿于怀,但我难以启口索要,便四处打听哪儿还有大的,得知陕北佳县一带有,雇车去民间查访,空手而归,又得知泾阳某人有一巨土罐,驱车而去,那土罐大虽大,却已破裂。越是得不到越想得到,遂鼓足勇气给芦苇去了一信,写道——

　　古语说,神归其位,物以类聚。我想能得到您存的那只特大上罐。您不要急。此土罐虽是您存,却为我爱,因我收集土罐上百,已成气候,却无统帅,您那里则有将无兵,纵然一木巨大,但并不是森林,还不如待在我处,让外人观之叹我收藏之盛,让我抚之念兄友情之重。当然,君子是不夺人之美,我不是夺,也不是骗,而要以金购买或以物易物。土罐并不值钱,我愿出原价十倍数,或您看上我家藏物,随手拿去。古时友人相交,有赠丫鬟之举,如今世风日下,不知兄肯否让出瓦釜?

信发出后,日日盼有回复,但久未音讯,我知道芦苇必是不肯,不觉自感脸红。正在我失望之时,芦苇来电话:"此土罐是我镇家之物,你这般说话,我只有割爱了!"芦苇是好人,是我知己,我将永远感谢他了。我去拉那巨大土罐时,特意择了吉日,回来兴奋得彻夜难眠,我原谅着我的掠夺,我对芦苇说:物之所得所失,皆有缘分啊!

现在,巨大土罐放在我的家中,它逼着一些家什移位于阳台上,而写字台仅留给我了报纸一般大的地方。我在想,这套房子到底是组织上分配给我住的还是给土罐住的?这些土罐是谁人所做,埋入谁人坟墓,谁人挖掘出土,又辗转了谁人之手来到了我这里?在我这里待过百年了又落在哪人手中,又有谁还能知道我曾经收藏过呢?

土罐是土捏烧而成,百年之后我亦化为土,我能不能有幸也被人捏烧成土罐,那么,家里这些土罐是不是有着汉武帝的土,司马迁的土,唐玄宗或李白的土?今夜,月明星稀,家人已睡,万籁俱静,我把每个土罐拍拍摸摸,以想象,在其身上书写了那些历史的人名,恍惚间,便觉得每个土罐的灵魂都从汉唐一路而来了,竟不知不觉间在一土罐上也写下了我的名字。

土彩罐

2004年8月,有人送我一个土彩罐,唐代的,朱砂底色,绘牡丹百花,很是艳丽。我把它放在案几上。

一日上午,我在书房,一股风从窗子进来,土彩罐里却有响声,呜呜呜,像吹口哨。风过罐口会有响动,但土彩罐的声音幽细有致,我就盯着它看。

字典里有一个词叫御风,这词虽好,但有些霸气,我还是喜欢陕西的一个县名:扶风。这日我又读到《西京杂志》上一段话,还是说到风,我就把它书写了下来:乐游苑自生玫瑰树,树下多苜蓿,风在其间常萧萧然,日照其花,有光彩,故名苜蓿为怀风。

《西京杂志》的话刚写完,土彩罐就响,土彩罐应该也"怀风"。

土彩罐是谁家曾经用过,又埋在了谁的墓里,这些我都不知道,它贯穿了阳间和阴间,肯定有着许多故事。

每个人出生的时候自己在哭,死亡的时候又是别人在哭。这些事土彩罐一定知道。但是,每个人都是在父母做爱中产生的,一生又都是在爱的纠缠中度过,这些事土彩罐也一定知道。土彩罐从谁家的家里、墓里而来到我这里,它是来采集我的故事吗?

土彩罐还在呜呜呜地响,像吹口哨,我走过去关了窗子。从窗子看出去,外边是下了雨,街上有无数的人,我看见无数的人在雨中走着走着就化了。

人是从泥土里来的,终究又变为泥土,这土彩罐是一种什么形状呢? 御风罢,扶风罢,怀风罢,只有这风,风是泥土捏的东西的灵魂。

关于埙

我不是音乐家,多来米发索拉希,总只认作一二三四五六七。数年前为了研究文学语言的节奏,我选了许多乐谱,全是在一张工程绘图纸上标出起伏线来启悟的。我也不会唱歌,连说话能少说也尽量少说。但我喜欢埙,当我第一次听到埙乐时,我浑身战栗不能自已,以为遇见了鬼。听了埙乐而去看乐器,明白小时候在乡下常用泥巴捏了牛头模样的能吹响的东西也就是原始的埙吧,就觉得埙与我有缘分。现在,我的书房里摆着一架古琴、一支箫、一尊埙,我虽然并不能弹吹它们,但我一个人夜深静坐时抚着它们就有一种奇妙的感觉。古琴是很雅的乐器,我睡在床上常恍惚里听见它在自鸣,而埙却更有一种魅力,我只能简单地把它吹响,每一次吹响,楼下就有小孩吓得哭,我就觉得它召来了鬼,也明白了鬼原来也是可爱的。我喜欢埙,喜欢它是泥捏的,发出的是土声,是地气。现代文明产生的种种新式乐器,可以演奏华丽的东西,但绝没有埙这样的虚涵着一种魔与幻。有了古琴,有了箫,有了埙,又有了二三个懂乐谱会乐器的朋友,我们常常夜游西安古城墙头去作乐(yuè)。我们作乐不是为了良宵美景,也不是要做什么寻根访古,我们觉得发这样的声响宜于身处的这个废都,宜于我们寄养在废都里的心身。中国的古乐十分简约,简约到几近于枯涩,而这样的乐器弹吹出这样的声响,完全是自己对着自己,为自己弹吹,而不是为了取悦别人。海明威讲冰山十分之七在水里,十分之三在水面,中国古乐正是如此。我常常反感杂噪浮躁,欣赏"口锐者,天钝之,目空者,鬼障之"的话,所以我一遇到琴、箫和埙,我就十分地亲近了。

拓片闲记

安康友人三次送我八幅魏晋画像砖拓片,最喜其中二幅,特购大小两个镜框装置,挂在书屋。

一幅五寸见方,右边及右下角已残,庆幸画像完整,是一匹马,还年轻,却有些疲倦,头弯尾垂,前双足未直立,似作踢踏。马后一人,露头露脚,马腹挡了人腹,一手不见,一手持戟。此人不知方从战场归来,还是欲去战斗,目光注视马身,好像才抚摩了坐骑,一脸爱惜之意。刻线简练,形象生动,艺术价值颇高。北京一位重要人物,是我热爱的贵客,几次讨要此图,我婉言谢拒,送他珊瑚化石一座和一个汉罐。

另一幅是人马图的三倍半长,完整的一块巨砖拓的。上有一只虎,造型为我半生未见。当时初见此图,吃午饭,遂放碗推碟,研墨提笔在拓片的空余处写道:"宋《集异记》曰:虎之首帅在西城郡,其形伟博,便捷异常,身如白锦,额有圆光如镜。西城郡即当今安康。宋时有此虎,而后此虎无,此图为安康平利县锦屏出土魏砖画像。今人只知东北虎、华南虎,不知陕南西城虎。今得此图,白虎护佑,天下无处不可去也。"

友人送此图时,言说此砖现存安康博物馆,初出土,为一人高价购去,公安部门得知,查获而得,仅拓片三幅。为感念友人相送之情,为他画扇面三个。

壁　画

　　陕西的黄土厚,有的是大唐的陵墓,仅挖掘的永泰公主的,章怀太子的,懿德太子的,房陵公主的,李寿、李震、李爽、韦洞、章浩的,除了一大批稀世珍宝,三百平方米的壁画就展在博物馆的地下室。这些壁画不同于敦煌,墓主人都是皇戚贵族,生前过什么日子,死后还要过什么日子,壁画多是宫女和骏马。有美女和骏马,想想,这是人生多得意事!

　　去看这些壁画的那天,馆外极热,进地下室却凉,门一启开,我却怯怯地不敢进去。看古装戏曲,历史人物在台上演动,感觉里古是古,我是我,中间总隔了一层,在地下室从门口往里探望,我却如乡下的小儿,真的偷窥了宫里的事。"美女如云",这是现今描写街上的词,但街上的美女有云一样的多,却没云那样的轻盈和简淡。我们也常说"唐女肥婆",甚至怀疑杨玉环是不是真美?壁画中的宫女个个头高大,耸鼻长目,丰乳肥臀,长裙曳地,仪表万方,再看那匹匹骏马,屁股滚圆,四腿瘦长刚劲,便得知人与马是统一的。唐的精神是热烈、外向、放恣而大胆的,它的经济繁荣,文化开放,人种混杂,正是现今西欧的情形。我们常常惊羡西欧女人的健美,称之为"大洋马",殊不知唐人早已如此。女人和马原来是一回事,便可叹唐以后国力衰败,愈是被侵略,愈是向南逃,愈是要封闭,人种退化,体格羸弱。有人讲我国东南一隅以及南洋的华侨是纯粹的汉人,如果真是如此,那里的人却并不美的。说唐人以胖为美,实则呢,唐人崇尚的是力量。马的时代与我们越来越远了,我们的诗里在赞美着瘦小的毛驴、倦态的老牛,平原上虽然还有着骡,骡仅是马的附庸。

我爱唐美人。

我走进了地下室,一直往里走,从一九九七年走到五百九十三年,敦煌的佛画曾令我神秘莫测,这些宫女,古与今的区别仅在于服饰,但那丰腴圆润的脸盘,那毛根出肉的鬟发,那修长婀娜的体态,使我感受到了真正的人的气息。看着这些女子,我总觉得她们在生动着,是活的,以致看完这一个去看那一个,侧身移步就小心翼翼,害怕走动碰着了她们。她们是矜持的,又是匆忙的,有序地在做她们的工作,或执盘,或掌灯,或挥袖戏鹅,或观鸟捕蝉,对于陌生的我,不媚不凶,脸面平静。这些来自民间的女子,有些深深的愁怨和寂寞,毕竟已是宫中人,不屑于我这乡下男人,而我却视她们是仙人,万般企慕,又自惭形秽了。《红楼梦》中贾宝玉那个痴呆呆的形状,我是理解他了,也禁不住说句"女儿是水做的,男人是泥做的"了。看呀,看那《九宫女》呀,为首的梳高髻,手挽披巾,相随八位,分执盘、盒、烛台、团扇、高足杯、拂尘、包裹、如意,顾盼呼应,步履轻盈。天哪,那第六位,简直是千古第一美人呀,她头梳螺髻,肩披纱巾,长裙曳地,高足杯托得多好,不高不低,恰与婉转的身姿配合,长目略低,似笑非笑,风韵卓绝,我该轻呼一声"六妹"了!这样纯真高雅的女子,我坚信当年的画师不是凭空虚构的,一定是照生前真人摹绘,她深锁宫中,连唐时也不可见的,但她终于让我看到了,我看到了已经千年的美人。

"美人千年已经老了!"同我去看壁画的友人说。

友人的话,令我陡然悲伤,但友人对于美人老却感到快意。我没有怨恨友人,对于美人老的态度,从来都是有悲有喜的两种情怀,而这种秉性可能也正是皇戚贵族的复杂心理,他们生前占有她,死后还要带到阴间去,留给后世只是老了的美人。这些皇戚贵族化为泥土,他们是什么狗模人样毫无痕迹,而这美女人却留在壁画里,她们的灵魂一定还附在画上。灵魂当然已是鬼魂,又在墓穴里埋了上千年,但我怎么不感到一丝恐怖,只是亲切,似乎相识,似乎不久前在某一宾馆或大街上有过匆匆一面?我对友人说:你明白了吗,《聊斋志异》中为什么秀才在静夜里专盼着女鬼从窗而入吗?!

参观完了壁画,我购买了博物馆内摹古壁的画作印刷品,我不愿"六妹"千余年在深宫和深墓,现在又在博物馆,她原本是民间身子,我要带她到我家。我将画页悬挂室中,日日看着,盼她能破壁而出。我说,六妹,我不做皇戚贵族宫锁你,我也没金屋藏匿你,但我给你自在,给你快乐,还可以让你牧羊,我就学王洛宾变成一只小羊,让你拿皮鞭不断轻轻打在我的身上。

我的诗书画

所谓文学,都是给人以精神的享受,但弄文学的,却是最劳作的苦人,我之所以作诗作书作画,正如去公园里看景,产生于我文学写作的孤独寂寞,产生了就悬于墙上也供于我精神的生活。既是一种私活,我为我而作,其诗其书其画,就不同世人眼中的要求标准,而是我眼中的,心中的。

正基于此,很多年来,我就一直做这种工作;过一段,房子的四壁就悬挂一批;烦腻了,就顺手撕去重换一批;这种勇敢,大有"无知无畏"的气概。这种习性儿,也自惹我发笑,认为是文人的一种无聊。

无聊的举动,虽源于消遣,却也有没想到的许多好处。

诗人并不仅是做诗的人,我是极信奉这句话的。诗应该充溢着整个世界,无论从事任何事业,要取得成功,因素或许是多方面的;但心中永远保持着诗意,那将是最重要的一条。我试验于小说、散文的写作,回到生活中去,或点灯熬油笔耕于桌案,艰难的劳动常常会使人陷入疲倦;苦中寻乐的,只有这诗。诗可以使我得到休息和安怡,得到激动和发狂,使心中涌动着写不尽的东西,永远保持不竭的精力,永远感到工作的美丽。当这种诗意的东西使我膨胀起来,禁不住现于笔端的,就是我平日写下的诗了。当然这种诗完全是我为我而作,故一直未拿去发表。这如同一棵树,得到阳光雨露的滋润,它就要生出叶子,叶子脱了,落降归根,再化作水、泥被树吸收,再发新叶;树开花,或许是为外界开的。所以它有炫目悦色之姿,叶完全是为自己树干生存而长,叶只有网的脉络和绿汁。

  诗要流露出来,可以用分行的文学符号,当然也可以用不分行的线条的符号,这就是书,就是画。当我在乡间的山荫道上,看花开花落,观云聚云散,其小桥,流水,人家,其黑山,白月,昏鸦,诗的东西涌动,却意会而苦于无言语道出,我就把它画下来。当静坐房中,读一份家信,抚一节镇尺,思绪飞奔于童年往事,串缀于乡邻人物,诗的东西又涌动,却不能写出,又不能画出,久闷不已,我就书一幅字来。诗、书、画,是一个整体,但各自有不可替代的功能,它们可以使我将愁闷从身躯中一尽儿排泄而平和安宁,亦可以在我兴奋之时发酵似的使我张狂而饮酒般的大醉。

  已经声明,我作诗作书作画并不是取悦于别人的欣赏,也就无须有什么别人所依定的格式,换一句话说,就是没有潜心钻研过世上名家的诗的格律、画的技法、书的讲究。所以,《艺术界》的编辑同志来我这里,瞧见墙上的诗书画想拿去刊登,我反复说明我的诗书画在别人眼里并不是诗书画,我是在造我心中的境,借其境抒我的意。

平凹作画记

序

在年纪不老的作家里,我自诩我的毛笔字可入书品。但我确实没有临过帖,用钢笔写稿写得多了,随时又爱读一些碑,别人要我在宣纸上写,就写出来了。原本是一场玩事,所以从不为难他人的求索,给他写字不正好是练我的书法吗?差不多是求我一幅字的总事先拿数张纸来,剩下的便白落,竟落下了几大捆的便宜。有一日突发奇想:有这么多纸,何不也作些画呢?见过一些画家是将墨大泼大涂的,于是也泼,也涂,怪畅美的。刚画毕,恰好来了一位搞美术理论的先生,瞧我一嘴唇墨,问我干什么了?我说作画了。小时候在寺庙里看过画匠骑在木架上画檐头,时不时将笔在口里蘸唾沫,多半我作画时也这么不自觉地模仿了。就擦着嘴说,"小娃的屁股画家的嘴",当画家就要敢不卫生呀!先生说要看画,看,一拳却把我击倒了,大叫你小子是鬼狐附体!我可怜地说:"我可从没受过训练,压根不懂技法。"意思是别以高标准来要求我。先生倒严肃起来,讲了许多使我也吃惊的好话,我瞧他不是在戏弄我,我来劲了,我是个见不得鼓动的人,一时得意叫道:那我就画呀!就画起来了。

我真是有无知无畏的秉性。

说老实的,我可不想做个画家,纯乎一种取乐的方式,没想后来更有了一层好处。我家来客过多,尤其晚上,常是小屋坐那么三位四位,宏谈滔滔,我很烦,又不能黑了脸赶人家,作起画就可以既不失礼又可平心,你若要走,说一句"啊,你慢走",阿弥陀佛,你不走就待着看我作画,我反正要两不误的。

初冬到现在画下了 30 余幅,也是有生以来 30 余幅作品。画一幅,觉得还满意就编号,编了号的画是决意不送人的。不知这兴趣还有多久,也不知还要画出多少幅,我想天要我画多少就画多少,我才不受硬要画的累呢。

一、《唐僧取经》

画唐僧是一只很凶的虎,虎背上驮着一尊睡佛,这可能要遭佛门人骂,但我佛慈悲,佛是不会怪罪的。读《西游记》,我理解的唐僧是一分为四的,也就是说四而合一,孙悟空、猪八戒、沙和尚只是作为唐僧的另三个侧面。取经行走了那么多地方,遇到了那么多魔怪,应该说,唐僧是凶猛者。由此想到,凶的东西,则可开辟一个新的世界,而美好的东西如佛,则只能在开辟了新的世界后来平和与安详这个新的世界。

此画作于深夜,屋里还待着三个来访人,画完后见其中一人亲自又要沏一壶新茶来喝,我说:"为不浪费茶,再喝一杯你们走吧,今日我困了!"又打了一个哈欠。第一次平静了脸赶客,觉得自己也有了虎气。人一走,满身清静,叼颗烟欣赏我画,欣赏半小时,我也成佛了。

二、《武松杀嫂》

要我说,武松是这样杀的嫂:

潘金莲,淫荡妇,你既是嫁给了武家,怎狠心就同奸夫害我哥哥?!武大无能却有武二,我岂能饶了你这贱人!今日你睁眼看看,这把钢刀白的要进去,红的要出来,割你的头祭我哥哥,我还要戳了你的胸腹掏出心来,瞧瞧天下的女人心是怎么个黑法?

她怎么不声不吭并没吓软?贱雌儿竟换上了娇艳鲜服,别戴着颤巍巍一朵玫瑰,仄靠了被子在床上仰展了。哎呀,她眼像流星一般闪着光,发如乌云,凝聚床头,那粉红薄纱衫儿不系领扣,且鼓凸了奶子乍猛得老高。以前她是嫂嫂,不能久看,如今刀口之下,她果真美艳绝伦,天底下有这样的佳人,真是上帝和魔鬼的杰作了!天啊,她这是临死亡之前集中要展现一次美吗?

啊,这么美的尤物,我怎么就要杀了她呢?她是害死我可哥,哥哥实在是与她不般配,一朵花插在牛粪上,她是委屈了。武松若不是武二,武二若没有个太矮的哥哥,我也会是同情这女人的,也会是不满意这门婚姻的,可武大毕竟是我的哥哥,一个奶头吊过的同胞,我哪能不维护亲生的兄长呢?哼,杀人者偿命,你就是九天玄女,是观音菩萨,武松若不杀你,武松算什么英雄?!

她笑了,无声而笑,不是冷笑,也不是苦笑,笑而摄魂,这女人,怎么我要杀她,她还以为这又是同那一个雪天她与我接风的酒桌上一样吧?这女人是对自己有过感情的,扪心而想,我何尝没有爱过她呢?现在我真的要杀了她吗?如果那一天我接受了她的爱,我也被爱所冲动,那我会怎么样呢?今日要杀的除了她难道没有我吗?正因为我武松是英雄,才避免了一场千古谴责的罪恶,可正是我成了英雄,才将她推到了西门庆的贼手吗?!

武松呀武松,你这是想到什么地方去了,现在哥哥的灵前,灵堂阴气凝重,哥哥的屈死的灵魂在呼唤着你来申冤,你怎能就要饶了狠毒角色?是的,你个潘金莲,就是不爱我的哥哥,你可以再嫁他人,嫁谁都可以,却偏偏是同那个泼皮西门庆?同了西门庆也还可,竟合谋害了哥哥性命,我武松放过了你,别人又会怎样议论我呀!一顶绿帽子戴给了哥哥,也戴给了景阳冈的英雄。或许更有人说武松不杀嫂,是嫂曾经爱过武松,我一场英雄会在人们眼中是个什么形象呢?

杀吧,杀吧,潘金莲,武松真格要杀你了!

刀怎么提不起来,这般重呀?那么一刃,一代美色就灭绝了吗?世上少了潘金莲,多少人为之丧气了,我武松是不是心太硬了?哥哥,哥哥,我该怎么办呢,我已杀了西门庆,咱就放了这个尤种吧?

咳,咳,这是个景阳冈的老虎就好了。

罢了,罢了,由她去吧。可是可是,我不杀她,她能老老实实在武家守节吗?她一定又要另嫁他门,或许又会与别的不三不四的恶徒勾搭,那么鲜活的小兽与其他人猎去,就不如我武松杀了她。杀了她,看着殷红的血怎样染红白瓷般的胸脯,看着她睁开了杏眼在咽气前的痉挛,岂不是更使人刺激吗?我不能成全她爱我,却可以让她死在所爱的人的刀下,不是于她也于我都是一场最合适的解脱办法吗?好了,好了,潘金莲,那我就这么杀你了!

于是,武松就把潘金莲杀了。

三、《贵妃赏蝶》

杨贵妃已经被文人墨客描述得太多了,我也爱这个女人。因为爱着她,就不忍心读记她死于马嵬坡的故事,相信着东渡了日本的传说,以致对胖胖的东西都有感情,甚至一次在大街上碰见行刑前的游行车上押着一个天生丽质的女子就伤悲了几日。可是,我怎么也没想到,当我画出了贵妃的上半身,正待画她的下半身,口中叼着的烟头掉下来,一时拂不去,竟将宣纸烧出难看的洞来。妈的,我骂我,索性拿打火机要焚了这张宣纸,以宣纸充冥钱送给她了。看着宣纸燃到仅剩下杨贵妃的上半身的多半时,我瞧见火光中的贵妃似乎要活起来,一派富贵中的深沉的忧愁,忙就趴过去,用身子压灭了火。这就是我的贵妃。

女人的作用就是给世上贡献美的,我总这样认为的,女人的悲剧也就是太美了。杨玉环正是如此才成了唐代的国母,国母正如此也才勒死在马嵬。如今我画贵妃原本要让她处优地赏蝶,天意竟还让她残缺。残缺的美更美,我永远也忘不了我的这幅画。

四、《石鲁》

生活在西安,又要作画,总就想到那个石鲁。石鲁的艺术在石鲁疯了以后更进入大的境界,这使我独坐了常寻思:在那样个文艺差不多有着僵壳的时期,石鲁的成功在于他有了异于别人的思维吗?!我很羡慕有这种思维,但我不愿以疯来建构,更恐惧思维"疯"的产生背景。眼下气功时兴,我求拜过许多气功师,要给我开慧眼,看鬼,看神,看别人看不到的世界情形,以来突破我的写作。可悲惨的是气功师都拒绝了,这倒令我怀疑了这些气功师,他们或者胡说,或者他们的功法太浅。

于是我又想,或许石鲁并没有疯,因为他感应自然、体验生命的思维与当时社会不同,众人看他才疯了,疯的其实是认为他疯了的人。

五、《景阳冈之后》

时下,到处都在崇尚男子汉气派,文学艺术作品里凡是要歌颂的人物,胸口都要贴上一些胸毛。但在中国古典文学艺术中,男人的形象可分两类,一是白脸,包括那个刘备、贾宝玉和所有戏曲的小生,一是黑脸。白脸的皆阴柔虚涵,予以张扬,黑脸的则往往刚烈,视为鲁莽之徒。

这个晚上不知怎么就想起了为武松作画。

武松在景阳冈上敢打虎,面对嫂嫂能杀淫,如果武松在今日,胸毛是够茂密了,或许会演出更惊天泣地的业绩来的。但古时的标准为他定了性,梁山泊的头把二把交椅轮不到他,只能是个将领而已,所以上了梁山,他的贡献就十分之小了。

但武松当然还是英雄,我就要画出个英雄来。画毕,有一远路朋友来,却以为武松模样窝囊了:戴了颈枷,瑟瑟作抖,虽然以你的名章按在额上作罪犯烙印而构思奇妙。我说,英雄也是血肉长的,对死谁个不恐惧,面临失败和委屈谁个不沮丧,愈是这样活下去,才是英雄!我们的现代意识里,以为男子汉一味阳刚,让他不爱生命,如归一般地死,那么,鼓励一个人连自己的生命都不爱,他还能爱别的什么吗?再者,不画英雄万众欢呼,画一个英雄落难,使我们懂得人生的艰辛了就更爱英雄,而不是以为英雄是轻而易举的风光的事体而许多人去做荒诞的梦。

六、《鬼才李贺》

我喜欢那个李贺,却不明白怎么世人就称他是鬼才,有了非凡的才能只能归之于鬼的作用吗?细读他的诗,除了大写阴阳之事外,他的思维是与一般人异同的。记得数年前见到大作家汪曾祺先生,他说李贺是黑纸上写白字,先生的话使我顿开茅塞。今日为李贺造像,当然是一团黑气涌涌而来,他是没地位之人,家境贫寒,潜心了艺术可能人缘不会好,过早地就驼了背,眉眼就画在黑团之中吧,那头寻诗所骑的毛驴却是极瘦极瘦的了。年轻时爱读蒲松龄的狐狸精,盼不得夜深人静有个女子破窗而入,今画李贺,我还是不怕鬼,爱鬼,则更希望能得些李贺的鬼气以匡正我的思维定式。

七、《百年孤独》

读了马尔克斯的书,就永远记住了"百年孤独"四个字,但我没有以此而冲动着作画。九一年元月六日,得知台湾作家三毛自杀消息,心中无限痛惜。世人对三毛之死的原因猜测纷纷,我认为她死于天才的孤独。大凡世界上进入了大境界的人都是孤独的。夜幕降临,寒星闪烁,立于高楼凉台仰天怆悲,返回画案作下此画。树是枯桩形,人是老井状,一个不以红花繁叶热闹炫世,一个风吹不走,日晒不干的深茂虚涵。用不着再在画面上行文题字了,用不着的。

看好门户

我的老师曾给我说过两句话：群居守口，独坐防心。在稠人广众里我的话是少，这倒不至于耽怕言多有失，实在是口头表达差，常常是与人争吵，三句两句被噎住，过后了方想出当时应该说一句什么样的话便能将他镇住，悔恨不已。但是，我的心最难守住，尤其一个人在床上的时候，脑子里有一群惊乍的野马，想功名，想利禄，想一些奸佞人如何对我欺诈和诋毁，也想一些女人是怎样的妩媚。于是我就拿了书来看。

我是不能在床上看书的，看不到一个小时便犯迷糊。犯迷糊去睡觉太耽误时间，后来寻着一个办法就是爬起来画画，画画是越画越来精神头儿，又可心系一处。

记得有一个晌午，天下着雨，隔窗望着一根一根的雨把天和地作合在了一起，心就七想八想扭成麻花了，先去厨房里找东西吃，吃罢了还不行，就提笔要画画。《看好门户》就是那天的作品。画的时候我醒悟了庙里的和尚为什么要敲木鱼，因为有节奏的木鱼声,它可以把心安静,专注诵经了。《看好门户》画的是一只狗,狗很大,几乎占据了四尺整张的纸,我想我的心门口应该卧着这样一个东西。画毕后的第三天,有朋友来,说:看门户的狗应该是狼狗,你画的狗像宠物狗,能守住门户吗?而且这只狗也心事重重,还不知在胡思乱想着什么呢!我看了看,也觉得是,却说:即便画个狼狗,心乱如虎,那也无抵于事,花花世界里做正人君子已经是很难的呀!

藏　者

我有一个朋友,是外地人。一个月两个月就来一次电话,我问你在哪儿,他说在你家楼下,你有空没空,不速而至,偏偏有礼貌,我不见他也没了办法。

他的脸长,颧骨高,原本是强项角色,却一身的橡皮,你夸他,损他,甚至骂他,他都是笑。这样的好脾气像清澈见底的湖水,你一走进去,它就把你淹了。

我的缺点是太爱吃茶,每年春天,清明未到,他就把茶送来,大致吃到五斤至十斤。给他钱,他是不收的,只要字,一斤茶一个字,而且是单纸上写单字。我把这些茶装在专门的冰箱里,招待天南海北的客人,没有不称道的,这时候,我就觉得我是不是给他写的字少了?

到了冬天,他就穿着那件宽大的皮夹克来了,皮夹克总是拉着拉链,从里边掏出一张拓片给我显派。我要的时候,他偏不给,我已经不要了,他却说送了你吧,还有同样的一张,你在上边题个款吧。我题过了,他又从皮夹克里掏出一张,比前一张更好,我便写一幅字要换,才换了,他又从皮夹克里掏出一张。我突然把他抱住,拉开了拉链,里边竟还有三四张,一张比一张精彩,接下来倒是我写好字去央求他了。整个一晌,我愉快地和他争闹,待他走了,就大觉后悔,我的字是很能变作钱的,却成了一头牛,被他一小勺一小勺巧妙着吃了。

有一日与一帮书画家闲聊,说起了他,大家竟与他熟,都如此地被他打劫了许多书画,骂道:这贼东西!却又说:他几时来啊?有一月半不见!

我去过他家一次,要瞧瞧他一共收藏了多少古董字画,但他家里仅有可怜的几张。问他是不是做字画买卖,他老婆抱怨不迭:他若能存一万元,我就烧高香了!他就是千辛万苦地采买茶叶和收集本地一些碑刻和画像砖拓片到西安的书画家嘻嘻哈哈地换取书画,又慷慷慨慨地分送给另一些朋友、同志。他生活需要钱却不为钱所累,他酷爱字画亦不做字画之奴,他是真正的字画爱好者和收藏者。

真正的爱好者和收藏者是不把所爱之物和藏品藏于家中而藏于眼中,凡是收藏文物古董的其实都是被文物古董所收藏。人活着最大的目的是为了死,而最大的人生意义却在生到死的过程。朋友被朋友们骂着又爱着,是因了这个朋友的真诚和有趣。他姓谭,叫宗林。

第四辑

说　话

　　我出门不大说话,是因为我不会说普通话。人一稠,只有安静着听,能笑的也笑,能恼的也恼,或者不动声色。口舌的功能失去了重要的一面,吸烟就特别多,更好吃辣子,吃醋。

　　我曾经努力学过普通话,最早是我补过一次金牙的时候,再是我恋爱的时候,再是我有些名声,常常被人邀请。但我一学说,舌头就发硬,像大街上走模特儿的一字步,有醋熘过的味儿。自己都恶心自己的声调,也便羞于出口让别人听,所以终没有学成。后来想,毛主席都不说普通话,我也不说了。而我的家乡话外人听不懂,常要一边说一边用笔写些字眼,说话的思维便要隔断,越发说话没了激情,也没了情趣,于是就干脆不说了。

　　数年前同一个朋友上京,他会普通话,一切应酬由他说,遗憾的是他口吃,话虽说得很慢,仍结结巴巴,常让人有没气儿了,要过去了的危险感觉。偏有一日在长安街上有人问路,这人竟也是口吃,我的朋友就一语不发,过后我问怎么不说,他说,人家也是口吃,我要回答了,那人以为我是在模仿戏弄,所以他是封了口的。受朋友的启示,以后我更不愿说话。有一年夏天,北京的作家叫莫言的去新疆,突然给我发了电报,让我去西安火车站接他,那时我还未见过莫言,就在一个纸牌上写了"莫言"二字在车站转来转去等他,一个上午我没有说一句话,好多人直瞅着我也不说话。那日莫言因故未能到西安,直到快下午了,我迫不得已问一个人×次列车到站了没有,那人先把我手中的纸牌翻了过儿,说:"现在我可以对你说话了,我不知道。"我才猛然醒悟到纸牌上写着"莫言"二字。这两个字真好,可惜让别人用了笔名。我现在常提一个提包,是一家聋哑学校送我的,我每每把有"聋哑学校"的字样亮出来,出门在外觉得很自在。

不会说普通话,有口难言,我就不去见领导,见女人,见生人,慢慢乏于社交,越发瓜呆。但我会骂人,用家乡的土话骂,很觉畅美。我这么说的时候,其实心里很悲哀,恨自己太不行,自己就又给自己鼓劲,所以在许多文章中,我写我的出生地绝不写是贫困的山地,而写"出生的地方如同韶山",写不会说普通话时偏写道:普通话是普通人说的话嘛!

一个和尚曾给我传授过成就大事的秘诀:心系一处,守口如瓶。我的女儿在她的卧房里也写了这八个字的座右铭,但她写成:"心系一处,守口如平",平是我的乳名,她说她也要守口如爸爸。

不会说普通话,我失去了许多好事,也避了诸多是非。世上有流言和留言——流言凭嘴,留言靠笔——我不会去流言,而滚滚流言对我而来时,我只能沉默。

说花钱

中国传统的文化里,有一路子是善于吹的,如中医大夫,如气功师,街头摆摊卜卦的,酒桌上的饮者,路灯下拥簇着的一堆博弈人和观弈人,一分的本事吹成了十二分的能耐,连破棉袄里扪出一个虱来,也是珍养的,有双眼皮的俊。依我们的经验,凡是太显山露水的,都不足怕,一个小孩子在街上说他是毛泽东,由他说去,谁信呢,人不信,鬼也不信。前些年里,戴口罩很卫生,很文明,许多人脖子上吊着白系儿,口罩却掖在衣服里,就为着露出那白系儿。后来又兴墨镜,也并不戴的,或者高高架在脑门上,或者将一只镜腿儿挂在胸前衣扣上。而现在却是行立坐卧什么也不带的,带大哥大,越是人多广众,越是大呼小叫地对讲。——这些都是要显示身份的,显示有钱的,却也暴露了轻薄和贫相。金口玉言的只能是皇帝而不是补了金牙的人,浑身上下皆是名牌服饰的没有一个是名家贵族,领兵打仗了大半生的毛泽东主席从不带一刀一枪,亿万富翁大概也不会有个精美的钱夹装在身上。

越不是艺术家的人,其做派越更像艺术家;越是没钱的人,越是要做出是有钱的主儿。说句好话,钱是不能说就证明一切,但也不能说钱就不是一种价值的证明,说难听点,还是怕旁人看不起。过日子的秉性是,过不好,受耻笑,过好了,遭嫉妒。豪华宾馆的门口总竖着牌子写着:"衣着不整,不得入内。"所谓不整者,其实是不华丽的衣着,虽然世上有凡人的邋遢是肮脏、名流的邋遢是不修边幅之说,但常常有不修边幅的名流在旁人说出名姓后接待者的脸面方由冷清到生动。于是,那些不失漂亮的女子,精致的手袋里塞满了卫生纸,她们不敢进澡堂,剥了华丽的外套,得缩身捂住破旧不堪的内衣,锃亮的高跟皮鞋不能脱,袜子被脚趾捅出个洞。她们得赶快谈恋爱,谈恋爱了,去花男朋友的钱,或者不结婚,或者结了婚搞婚外恋,傍大款,今天猎住这个,明日瞄准了那位,藤缠树,树有多高,藤有多高,男人们下海在水里扑腾,她们下海在男人的船上。社会越来越发展到以法律和金钱维系,有定数的钱就在世上流通,聚聚散散,来来往往,人就在钱上穷富沉浮。若将每一张钞票当一部小说来读,都有一段传奇的吧。

如果平静地来讲,现在可爱的倒不是那些年轻的女子了,老太太更显得真实、本质,做小市民有小市民的味:头梳得油光光的去菜市,问过了这一摊位的价格,又去问那一摊位的价格,仰头看天,低首数钱,为一分两分与摊主争吵,要揭发呀要告状呀地瞧摊主的秤星秤锤,剥菜叶子,掐葱根,末了要走了还随手捏去几棵豆芽。年轻的女子在市民里仍有个"小"字,行为做事却要充大。

依一般的家庭,能花钱的都是女人,女人在家庭有没有地位就看是否掌握花钱的权力,如今的"气管炎"日益增多,是丈夫们越来越多地失去了经济的独立。事实是,真正的男人是不花钱的。日本的一位首相说过,好男人出门在外身上只装十元钱。他有能力去挣钱,挣了钱就让女人去花吧,看着女人去花钱,是把烦琐的家庭日常安排之任交她去完成了。即使女人们将钱花在衣着上、脸面上,那更是男人的快乐,试想,一个人被他救过命又救过另外人的命,他是从内心深处不愿常见到恩人而企望被救过的那人常出现在他面前的。不管如何地否认和掩饰,今日的社会还是以男人为中心的社会,女人——如张爱玲所说——即使往前奔跑,前面遇到的还是男人。所以,有了自己钱的,做了强人的女人,实指望一切要主动,却一切皆不主动,尤其是爱情。

钱的属性既然是流通的,钱就如人身上的污垢,人又是泥捏的,洗了生,生了洗。李白说,千金散尽还复来。守财奴全是没钱的。人没钱不行,而有人挣的钱多,有人挣的钱少,表面上似乎是能力的大小,实则是人的品种所致。蚂蚁中有配种的蚁王,有工蚁,也有兵蚁;狗不下蛋,鸡却下蛋,不让鸡下蛋鸡就憋死。百行百业,人生来各归其位,生命是不分贵贱和轻重的。钱对于我们来说,来者不拒,去者不惜,花多花少皆不受累,何况每个人不会穷到没有一分钱(没有一分钱的是死了的人),每个人更不会聚积所有的钱。钱过多了,钱就不属于自己,钱如空气如水,人只长着两个鼻孔一张嘴的。如果这样了,我们就可以笑那些穷得只剩下钱的人,笑那些没钱而猴急的人,就可以心平气和地去完成各自生存的意义了。古人讲"安贫乐道",并不是一种无奈后的放达和贫穷的幽默,"安贫"实在是对钱产生出的浮躁之所戒,"乐道"则更是对生命的伟大呼唤。

说房子

人活在世上需要房子,人死了也需要房子,乡下的要做棺、拱墓,城里的有骨灰盒。其实,人是从泥土里来的,最后又化为泥土,任何形式的房子,生前死后,装什么呢?

有一个字,囚,是人被四周围住了。房子是囚人的,人寻房子,自己把自己囚起来,这有点像是投案自首。

为了房子,人间闹了多少悲剧:因没房女朋友告吹了。三代同室,以帘相隔,夫妻不能早睡,睡下不敢发声。单位里,一年盖楼,三年分楼,好同事成了乌眼鸡似的,与分房不公的领导鱼死网破。

人为什么都要自个儿寻囚呢?没有可以关了门、掩了窗,与相好谈恋爱的房子,那么到树林子去,在山坡上,在洁净鹅卵石的河滩,上有明月,近有清风,水波不兴,野花幽香,这么好的环境只有放肆了爱才不辜负。可是,没有个房子,哪里都是你的,哪里又岂能是你的?雁过长空无痕,春梦醒来没影,这个世界什么都不属于你,就是这房子里的空间归你。砰地推开,砰地关上,可以在里边四脚拉叉地躺着抽烟,可以伏在沙发上喘息;沏一壶茶品品清寂,没有书记和警察,叱斥老婆和孩子。和尚没有家,也还有个庙。

人多多少少都会有点房子的,是一室的或者两室三室的——人什么都不怕,人是怕人,所以用房子隔开,家是一人或数人被房子囚起来。

有了房子,如鸟停在了枝头,即使四处漂泊,即使心还去流浪,那口锅有地方,床有地方,心里吃了秤锤般的实在。因此不论是乡下还是闹市,没有人走错过家门,最要看重的是他家的钥匙。

书上写着的是:家是避风港,家是安乐窝。有房子当然不能算家,有妻子儿女却没有房,也不算有家。家是在广大的空间里把自己囚住的一根桩。有趣的是,越是贪恋,越是经营,心灵的空间越小,其对社会的逃避性越大。家真是船能避风吗,有窝就有安与乐吗?人生是烦恼的人生,没做官的有想做做不上的烦恼,做了官有不想做不做不行的烦恼。有牙往往没有锅盔(一种硬饼),有了锅盔又往往没了牙齿。所以,房间如何布置,家庭如何经营都不重要,睡草铺如果能起鼾声,绝对比睡在席梦思沙发床上辗转不眠为好。用不着热羡和嫉妒他人的千般好,用不着哀叹和怨恨自己的万般苦,也用不着耻笑和贱看别人不如自己,生命的快活并不在于穷与富、贵与贱。

世上的事,认真不对,不认真更不对,执着不对,一切视作空也不对,平平常常,自自然然,如上山拜佛,见了佛像就磕头,磕了头,佛像还是佛像,你还是你——生活之累就该少下来了。

说请客

请客半日忙。大包小袋地从街上买着东西回来了,就操心自己的手艺,能否把一桌饭菜烹饪得有形有色有味,再是操心要请的客人会不会到来。今日真是个好日子!一切该按心愿的都按心愿进行了,送走客人,满屋狼藉,心身仍是不累的,立在房门口要给邻居家诉说:"他是×××呀!"×××总是有权有势或者有名的人。如果是男娶女嫁,孩子满月,老人过寿,以及分到了房子,评上了职称,请客是熟人来,把一个欢乐扩大成十个欢乐。可×××是何等人物,席好摆,客难请的。于是,请过了客的夫妇在这个晚上吃残汤剩水时,一个在说:"我真怕他不来的。"一个在说:"他总算是吃过咱们的了!"拿上等的饭菜给人家吃,似乎那饭菜是多余的,像门口的垃圾,垃圾车来拉走了,就得感谢呀的。

在这个世界上,有坐轿的就有抬轿的,有想瞌睡的就有递枕头的,有人请吃,有人吃请,这如同狗吃得那么多狗不下蛋,鸡虽然刨着吃,蛋却一天一个,鸡就是下蛋的品种嘛!请吃和吃请,都是一个吃字,人活着当然不是为了吃,但吃是活着的一个过程,人乐趣于所有事情的过程。在西方,社会靠金钱和法律维系,中国讲究权势和人情,一切又都表现在吃。最早的握手起源于人与人的不信任,在普遍没有吃的时候,你冒着生命危险捕获到食物让我吃,这岂能不让我感动?当我们看见母鸡辛辛苦苦啄死了一条蜈蚣,锐声叫唤着小鸡来吃,就想到最初请客也就是这样吧。

最初的请客是一种抚养或贡献,而现在的请客则沦落到一种公关,除了给神像,再也没有贡献,抚养自己孩子也为着防老,雷锋绝对没有了,虽然那个雷锋还有厚厚的日记要记下一切。请客就请吧,帖子越来越精美,言语越说越诚恳,几乎如信男信女朝山拜佛,如面对了现场发功的气功大师,闭目屏息,迎掌端坐。但是,十分讲究虔诚的信徒们其实是何等自私的人们,他们虔诚的目的只是索取!请客者大多是有求于别人,或者在求人前,或者在求人后,深谋的还有个早些渗渠,短见的只要个立竿见影,吃一次饭当然是送蝇头以图牛头。我们常常会看到有不得不请客的人家请过客了,仍一脸无声的笑,拉拉扯扯的,一边送客走,一边要说:哎呀,天还早的,多坐会嘛!心里想的是"客走主人安,跳蚤蹦了狗喜欢"。若请吃了事未办成,吃过这一次再不会有第二次,这一次也是"权当喂了狗啦!"吃请的呢,有帮了你的,就等着你有什么表示,连一顿饭也不请吗?或许也知道君子不吃嗟来之食,他家里并不缺一顿吃的,吃请是一种身份和荣誉呀。有的人却是吃请吃烦了,饭菜是人家的,肠胃是自己的,花时间,穷应酬,说免了免了,会给帮忙的。但不吃人家不相信，这饭是一种凭证；吃吧，实在是把自己做了人质，把肚子做了坟墓，一股脑儿地埋葬那些鸡鱼猪羊的尸体了。

一个多么会吃的民族，并且自诩吃出了一种灿烂的文化，可请吃的和吃请的哪里又会明白，人是离不得吃的，吃食的不同却要改变人的品种的。秃隼之所以形容恶丑、性情暴戾，秃隼的食物是腐肉，凤凰吃的是洁莲之果，清竹之实，凤凰才气质高贵，美丽绝伦。人对食品有好有恶，和尚没有不高古的，酒鬼没有不丧德的，湖南人吃辣多革命，山西人吃醋少铺张，请吃者什么都让你吃，吃请者有什么吃什么，凡是胃囊什么食物都能盛的，少悟性，乏技艺，只能平庸，只能什么也干不了，去干一般的官儿，只能肥头大耳。肥头大耳又容易是什么呢？鱼就是为了吃，吃下了钓钩，狐狸就是为了皮毛美丽的那点荣誉，死亡于猎人的枪口。

说请客，社会上相当多的聪明能干之人其实是善请客而已，而被请者又有哪一个是讨妇乞儿？为请客如何费尽心机，赴吃请又怎样丑态百出，这其中生动的例子，随便在任何地方稍加留意，就能看到和听到，令人捧腹一笑。笑过了却一想，在目下的中国，如同城市人每人都有一辆自行车一样，我们每一个人，或许没有被吃请过，却谁是没有请吃过呢？笑别人就笑自己吧，骂别人就骂自己吧。那么，我们会说，我们这算什么呀，吃请还不是大吃请，请吃还不是大请吃，全中国最有名的吃请者只有一个，他就是那个钟馗。

是的，是钟馗。请吃就请钟馗，吃请就吃小鬼。

说孩子

和女人在一起,最好不提起说她的孩子——一个家庭组合十年,爱情就老了,剩下的只是日子,日子里只是孩子,把鸡毛当令箭,不该激动的事激动,别人不夸自家夸——她会全不顾你的厌烦和疲劳,没句号地要说下去。人的心是一辈一辈往下疼的,如摆砖溜儿,一块砖撞倒一块砖,不停地撞下去。我曾经问过许多人,你知道你娘的名字吗?回答是必然的。知道你奶奶的名字吗?一半人点头。知道你老奶奶的名字吗?几乎无人肯定。我就想,真可怜,人过四代,就不清楚根在何处,世上多少夫妇为"续香火"费了天大周折,实际上是毫无意义!全然地拒绝生育,当然是对人类的不负责任,但除过那些一定要生儿生女,一定要生儿不生女的人外,现代社会里的夫妇要孩子是一种精神的需要,有个乐趣,如饲猫饲狗,或许为了维系家庭。一个女人曾对我说,夫妻是衣服的两片襟,没有孩子就没有纽扣啊。

有了孩子,谁都希望孩子小时候乖,长大了有出息。结婚生育,原来是极自然的事,瓜熟蒂落,草大结籽,现在把生儿育女看得不得了了,照仪器呀,吃保胎药呀,听音乐看画报胎教呀,提前去住医院,羊水未破就呼天喊地,结果十个有八个难产,八个有七个产后无奶。十三年前我在乡下,隔壁的女人有三个孩子,又有了第四个,是从田地里回来坐在灶前烧火,觉得要生了,孩子生在灶前麦草里。待到婴儿啼哭,四邻的老太太赶去,孩子已收拾了在炕上,饭也煮熟,那女人说:"这有啥?生娃像大便一样的嘛!"孩子生多了,生一个是养,生两个三个也是养,不见得痴与呆,脑子里进了水。反倒难产的,做了剖腹产的孩子,性情古怪暴戾,人是胎生的,人出世就要走"人门",不走"人门",上帝是不管后果的。

我长久地生活在北方,最愤慨的是有相当多的人为一个小小的官位尔虞我诈,勾心斗角;到位上了,又腐败无能,敷衍下级,巴结上司,没有起码的谋政道德。后来去南方了几趟,接触了许多官员,他们在位一心想干一番事业,结果也都干得有声有色。究其原因,他们说,不怕丢官,丢了官我就去做生意,收入比现在还强哩!这是体制和社会环境所致。如今对儿女的教育何尝有点不像北方干部对待官职的态度呢?人口越来越多,传统的就业观念又十分严重,做父母的全盼孩子出人头地,就闹出许多畸形的事体来。有人以教孩子背唐诗为荣耀,家有客来,就呼出小儿,一首一首闭了眼睛往下背。但我从没见过小时能背十首唐诗的"神童"长大成了有作为的人。有人省吃俭用地买钢琴呀,买绘画的颜料笔纸呀,用金钱加拳头要培养个音乐家和画家,结果只能培养出一大批挣便

说孩子　187

宜钱的半通不通的"辅导"。社会是各色人等组成的,是什么神就归什么位,父母生育儿女,生下来、养活大,施之于正常的教育就完成了责任,而硬要是河不让流,盛方缸里让成方,装圆盆中让成圆,没有不徒劳的。如果人人都是撒切尔夫人,人人都是艺术家,这个世界将是多么可怕! 接触这样的大人们多了,就会发现,愈是这般强烈地要培养儿女的人,愈是这人活得平庸。他自己活得没有自信了,就将希望寄托在儿女身上。这行为应该是自私和残酷,是转嫁灾难。试想,你自己都是那样,还苛刻地要求儿女,儿女会怎么看你? 儿女的生命是属于儿女的,不必担心没有你的设计儿女就一事无成。相反,生命是不能承受过轻和过重的,教给了他做人的起码道德和奋斗的精神,有正规的学校传授知识和技能,更有社会的大学校传授人生的经验,每一个生命自然而然地会发出自己灿烂的光芒的。

  如果是作小说,作家们懂得所谓的情节是人物性格的发展,而活人,性格就是命运。曾经流行过一种测验法,即让你随口说出三个动物来,每个动物又以最少三个词来比喻,第一个动物的比喻词便是你的自我感觉,第二个动物的比喻词是别人对你的看法,第三个动物的比喻词是原来的你。我测过百余人,发觉自我感觉,不管如何变化,总超不出两类,一是良好,如龙,是飞腾的龙,威严的龙,美丽的龙;一是喋喋抱怨,如牛,吃的是草挤出的是奶的牛,一生辛勤的牛,为人耕作的牛。可以说,人是很难认识自己的,这如眼睛看不见眼睛一样。但认识自己,设计自己却是人至关重要的事!

天才不是三百年才出现一个两个的,天才是每个人都存在的,关键是否发现自己身上的天才。遗憾的是很多很多的人至死没有发现和发展自己的天才,所以,伟大的人物总是少,众生才芸芸。

　　我也是一个父亲,我也为我的独生女儿焦虑过,生气过,甚至责骂过;也曾想,我的孩子如果一生下来就有我当时的思维和见解多好啊。为什么我从一学起,好容易学些文化了,我却一天天老起来,我的孩子又要从一学起?!但当我慢慢产生了我的观点后,我不再以我的意志去塑造孩子,只要求她有坚韧不拔的精神,只强调和引导她从小干什么事情都必须有兴趣,譬如踢沙包,你就尽情地去踢,画图画,你就随心所欲地画。我反对要去做什么"家",你首先做人,做普通的人。继承了我的秉性,孩子胆小,我的亲戚们让孩子在外要刚硬,谁敢打你你就打他。我说,社会毕竟不是整日打架的社会,学得那么刚硬还像个女孩子吗?小不忍到底要坏大谋的。

　　我对待儿女的观点,是会被相当多的人反对的,或许将永远落下不称职的父亲的声名。我虽然常常看着小学生、中学生不分昼夜地在书桌前用功,心中充满了悲哀——大人们都在自己的岗位上消极怠工,却把恶果转嫁于孩子——但我也得让女儿去做作业,去复习,去拿回考试的高分。我现在唯一能做到的,是不能忍受着一些女人向我讲述她为孩子设想伟大而美丽的前景,她不停地在说,使用着连续的逗号,好不容易出现一个句号了,我得赶紧就说:"哎呀,差点忘了,××要我回个电话的!"我得逃避,我终于学会了逃避。

说美容

女人是赤裸的,女人却最善藏。藏着的部分以藏显露,如特别讲究服装要体现出线条;露着的那片脸上因为有五官,五官像阿拉伯数字,组合了就是号码,脸还要化妆,亦藏欲更露。

我们把画画叫美术。爱美,也就是爱画,于是女人将脸当了画布。动物皆有以美羽美纹美声来吸引异性的,说到底,美的实质的东西是性。如果世上没有女人,男人不会去修建厕所,世上没有了男人,女人也不会去化妆。

不把真面目示人,这就是女人——见人不化妆,是不尊重对方呀!——性的虚幻下的活动里,男人需要假,女人就制造假。女人假到最后,真作假时假亦真:自己也怀疑了自己。一个女人说她画眉,哪日没有画了,就感觉没长了眉毛。

化妆的盛行,使女人越来越失去自信。谁还敢素面朝天?"女容为悦"从古代一路喊下来,现在似乎已是生活得越好,物质越丰富,女人的所悦者越少,情爱越难得。因为现代城市的女人就比乡下女人化妆得严重。女人们喜欢比喻月亮,说是明镜,是玉盘,是天灯,是夜之眼,比喻得已不知月亮到底是什么了;女人们都在形容,形容到不知什么身份什么年龄,戏永不散场,演员满街走。

其实,女人用不着化妆,化妆应为男人的事,如鸟兽中的凤、雄狮、公鸡和鸳。女人的化妆已经是违背了自然规律,轻贱了自己,更不必割这样填那样再做美容手术。人的身体,每一个部位,甚至一颗痣、一条皱纹,都是极其协调地配合在一起的,这如同大自然所形成的山丘、河流、洞涧、树林一样,它有它的风水。人体也有风水,随便去改造,就失去了和谐,也失去了特点和标志。

上天既然造了我们,我们应该自信。

说奉承

奉承领袖是喊万岁，奉承女人是说漂亮，一般的人，称作同志的，老师的，师傅的，夸他是雷锋，这雷锋就帮你干许多你懒得干的琐碎杂事。人需要奉承，鬼也奠祀着安宁，打麻将不能怨牌臭，论形势今年要比去年好，给牛弹琴，牛都多下奶，渴了望梅，望梅果然止渴。

每个人少不了有奉承，再是英雄，多么正直，最少他在恋爱时有奉承行为。一首歌词，是写少年追求一个牧羊女的，说："我愿做一只小羊，让你用鞭子轻轻地抽在身上。"现实生活中，我们常常在拥挤的电车上看到有的乘客不慎踩了别的乘客的脚，如果是男人踩了男人的脚那就不得了，是丑女人踩了男人的脚那也不得了，但是个漂亮的女子踩的，被踩的男人反倒客气了：对不起，我把你的脚硌疼了！世上的女人如小贩筐里的桃子，被挑到底，也被卖到完，所以，女人是最多彩的风景，大到开天辟地，产生了人类，发生了战争，小到男人们有了羞耻去盖厕所。女人已敏感于奉承，也习惯了奉承,对女人最大的残酷不是服苦役,坐大牢,而是所有的男人都不去奉承。

对于女人的奉承——我们可以继续说奉承话吧——并不是错误,它发乎于天性,出自于真诚的热爱美好。最多是我们听到那些奉承的话,看到那些奉承的事,背过身去轻轻窃笑。而不能忍受的,浑身要起鸡皮疙瘩,发麻的,是对一些并不发乎于真诚的奉承。有一位熟人,他不止一次地向我发过牢骚,批评他的领导未在位之前,是不学无术的,"他老婆都瞧不起他,"他说,"连老婆都瞧不起的男人,谁还瞧得起他呢?"可这样的人阴差阳错到了位上,却什么都懂了,任何门科的业务会议上,他都讲话,讲了话你就得记录,贯彻执行!以至于他们同伴之间讥讽,也是"你别精能得像咱领导"!可是,偏是这样的领导,我的那位熟人,在批评与自我批评的会上来奉承了:"我给咱头儿提个意见吧:你太不爱惜自己的身体了!你的身体难道是你个人的吗?不,是大家的,是集体的!"

我曾参加过许多全国性的会议,出席者胸前都要戴贴着照片的证牌的,我偶然一次往一位已经是七十多岁的老太太的证牌上看了一眼,看到的照片是四五十年前的她,于是留心,竟发现所有的老太太们的照片没一张是现时的。照片当然是自己提供的,老太太们都是名人,年轻时又都是美人,不愿意退出美的舞台是可以理解的,但已经鸡皮鹤首了还戴二三十岁的照片,这实在也太奉承自己了。也就在这次会上,我与一位写书的领导住隔壁,墙不隔音,我每天都能听到来访者对领导的头发、西服以及领导所著的叫

《××××》的一本书的奉承。我静静地听,不敢笑,也不敢咳嗽,评价着奉承的高明与低下。大多是智商不高,唯有一日出现个口吃的声音,先是寒暄了一会,接着就沉默,接着就是要打破沉默的"唷儿""唷儿"的笑,接着说:"我给你说件真真、真实的事。昨天我上、上街,两个人打打打架了,一个把一个打倒在在地,在地上的要往起扑,头头一扬,一扬的。那人打了三三三拳,头往上扬,扬的,再用脚踢,头还是扬的,那人在地上摸摸砖,还是扬,正好旁边有个书书摊,捡了本书去头上一、一、一拍,头不扬了!你知道那是什什么书?是《××××》!"

奉承是要得法的,会奉承的人都是语言大师。见秃头说聪明绝顶,坏一只眼是一目了然。某人长相像一个名人,要奉承,说你真像××,不如说××真像你。工会的主席姓王,王姓好呀,正写倒写都是王,如果说:你这王主席,长个小尾巴就好了!王字长了小尾巴成毛字。瞧这话说得多水平!有人奉承就不得法,人总是要死的,你却不能祝寿时说哎呀,离死又近了一年。领导去基层,可以说你亲自去考察呀!领导上厕所,怎么也不该说你亲自去尿呀!我害病住过院,有人来探视,说:听说你病了,我好难过,路上心里想,自古才子命短……他虽然称我是才子,可我正怕死,他说命短,我怎么高兴?有一度关于我的谣言颇多,甚至有了我的桃色新闻,一个人来安慰我,说:你那些事我听说了,真让我生气!名人嘛,有几个女人是应该的嘛,你千万不要往心上去!他这不是肯定了我的桃色新闻?!

每一个生命之所以为生命,是有其自信和自尊的,一旦宁肯牺牲自己的自信与自尊去奉承,那就有了企图。企图可以硬取,刺刀见红,企图也可以软赚,奉承为事。寓言里的狐狸奉承乌鸦的嗓音好,是想得到乌鸦叼着的一块肉,说"站惯了"的奴才贾桂,是想早日做坐下的主子。善奉承的眼光雪亮,他绝不肯奉承比他位低的,势小的。科长只能奉承处长,处长只能奉承局长,一级撵一级,只要有官之阶,人就往高处走。委曲者求的是全,忍小事者为的是大谋。人的生活中是需要一些虚幻的精神的,有人疼痛,相信止痛针,给注射些蒸馏水,就说是止痛药,那疼痛也就不疼痛了,被奉承的为了荣誉、利益乐于让他人奉承,待发觉给鸡送来了饲养却拿走了鸡蛋时,被奉承者才明白了奉承。

当然,话有三说,巧说为妙,巧说不一定就是奉承。灶王爷之所以是人间普遍喜爱的神,是灶王爷"上天言好事,下界降吉祥",也正因为灶王爷是没私利地言好事,降吉祥,灶王爷永远未升官晋级。看多了世间的奉承者和接受奉承者,有许多激愤,想想,人本身有私欲,社会又注重权与势,哪里又能消灭奉承者和接受奉承者?奉承换句话说是献媚,献媚就是送上女之色,是妓的行为,那么,既然有了妓,妓使许多人变成了嫖客,嫖客得性病就让他自受去吧。

说生病

有一种病，在身上七年八年不愈，要想想，这一定是有原因了。泄露了不该泄露的天的机密？说破了不该说破的人的隐私？上帝的阴谋最多可以意会而不能言传的。那么，这病就特别的有意义，自感是一位先知先觉，勇敢的普罗米修斯，甘受惩罚吧。或许，人是由灵魂和肉体两方结合的，病便是灵魂与天与地与大自然的契合出了问题，灵魂已不能领导了肉体所致，一切都明白了吧，生出难受的病来，原来是灵魂与天地自然在做微调哩。

真如果这么对待了生病，有病在身就是一种审美。静静地躺在床上，四面的墙涂得素白，定着眼看白墙墙便不成墙——如盯着一个熟悉的汉字就要怀疑这不是那个汉字——墙幻作驻云，恰有穿白衣白帽白口罩的"天使"女子送了药来。吊针的输液管里晶莹的东西滴滴下注，作想这管子一头在天上，是甘露进入身子。有人来探视，都突然温柔多情，说许多受感动的话，送食品，送鲜花。生了病如立了功，多么富有，该干的事都不干了，不该享受的都享受了,且四肢清闲,指甲疯长,放下一切,心境恬淡,陶渊明追求的也不过这般悠然。

最妙的是太阳暖和,一片光从窗子里进来跌在地上,正好窗外有一株含苞的梅,梅枝落雪,苞蕾血红,看作是敛羽静立的丹顶鹤,就下床来,一边掠了下坠的衣襟一边在光里捉那鹤影。刚一闷住,鹤影已移,就体会了身上的病是什么形状儿的,如针隙透风,如香炉细烟,如蚕抽丝,慢慢地离你而去的呢。

暂不要来人的好,人越多越寂寞,摆一架古琴也不必装弦,用心随情随意地弹。直挨到太阳转黑月亮升起,插一盘小电炉来煎中药,把带耳带嘴的砂锅用清水涤了又涤,药浸泡了,香点燃了,选一个八卦中的方位和时分,放上砂锅就听叽叽咕咕的响声吧。药是山上的灵根异草,采来就召来了山川丛林中的钟毓光气,它们叽咕是酝酿着怎么扶助你,是你的神仙和兵卒。煎过头遍,再煎二遍,满屋里浓浓的味,虽然搅药不能用筷子,更不得用双筷——双筷是吃饭的——用一根干桃棍儿慢慢地搅,那透过蘸湿了的蒙在砂锅上的麻纸上蒸汽弥漫,你似乎就看到了山之精灵在舞蹈,在歌唱,唱你的生命之曲。

躺在床上吧,心可以到处流浪,你无处不在,无所不能,从未有过这般的勇敢和伟大,简直可以要作一部类屈原的《离骚》。当你游历了天上地下,前世和来世,熄了灯要睡去了,你不妨再说一些话,给病着的某一部位说话。你告诉它:×呀,你对我太好了,好得使我一直不觉得你的存在。当我知道了你的部位,你却是病了。

这都是我的错,请你原谅。我终于明白了在整个身子里你是多么的重要,现在我要依靠你了,要好好保护你了,一切都拜托你了,×!人的身体每一处都会说话,除嘴有声外,各部无音,但所有的部位都能听懂话的,于是感受会告诉心和大脑,那有病的部位精神焕发,有了千军万马的英雄在同病毒战斗。什么"用人不疑"的仁,什么"士为知己者死"的义,瞬间里全体会得真切和深刻。

生病到这个份儿上,真是人生难得生病,西施那么美,林妹妹那么好,全是生病生出了境界,若活着没生个病,多贫穷而缺憾。佛不在西天和经卷,佛不在深山寺庙里,佛在熙熙攘攘的人群里,生病只要不死,就要生出个现世的活佛是你的。

说舍得

　　世界是阴与阳的构成,人在世上活着也就是一舍一得的过程。我们不否认我们有着强烈的欲望,比如面对金钱、权势、声名和感情,欲望是人的本性,也是社会前进的动力。但是,欲望这头猛兽常常使我们难以把握,不是不及,便是过之,于是产生了太多的悲剧:有人愈是要获得愈是获得不了;有人终于获得了却大受其害。会活的人,或者说取得成功的人,其实懂得两个字:舍得。不舍不得,小舍小得,大舍大得。翻读古书,历史上有过许多著名人物,韩信能胯下受辱方成大器;勾践卧薪尝胆终得灭吴;田忌与齐王赛马,以下肆对齐上肆,上肆对齐中肆,中肆对齐下肆,舍小负之悲,得了全胜之喜。人是如此,万事万物何尝不是这样呢?蛇是在蜕皮中长大,金是在沙砾中淘出,按摩是疼痛后的舒服,春天是走过冬天的繁荣。回顾我们经历过的事吧,许多时候我们因没有小忍而坏了大谋,许多时候我们吃了一点亏懊丧不已不久却赢取了利好,为了保持我们的本身没有被一时浮华迷惑,声名太盛则又使我们失去了行动的自在。舍舍得得,得得舍舍就充满在我们琐碎日常生活中,演绎着成功和失败的故事啊。舍得实在是一种哲学,也是一种艺术。

第五辑

松云寺

商州杨斜有一个寺,很小,就二百平方米的一个院子,也只住着一个和尚。和尚在每年的三月底或四月初,清早起来,要拿扫帚扫院里的花絮,花絮颜色深黄,像撒了一地金子。

这是松花。

松是孤松,在院子西边,一搂多粗的腰,皮裂着如同鳞甲,能一片一片揭下来。树高到一丈多,骨干就平着长,先是向东北方向发展,已经快挨着院墙了,又回转往西南方向伸张,并且不断曲折,生出枝节,每一枝节处都呈Z字状,整个院子的上空就被罩严了。

松树真的像条龙。

应该起名松龙寺吧,却叫松云寺。叫松云寺着好,因为松已是龙,则需云从,云起龙升,取的是腾达之意哈。

但寺院实在太小,松的腰枝往复盘旋,似藤萝架一般,塞满了院子,倒感叹这松不是因寺而栽,是寺因松而建,寺的三面围墙竟将龙的腾达限制了。

2010年9月5日,我从商州城去寺里,去时倾盆大雨,到了却雨住天晴,见松枝苍翠,从院墙头扑搭了许多,而门楼高背翘角,使其受阻。我建议既然寺紧临大路,院墙不可能推倒,不妨砸掉门楼背角,让松能平行着伸长出来。所幸和尚和乡政府干部都同意,并保证半月内完成,我才慰然离开。离开时,雨又开始下,一直下到天黑。

当晚还住在商州,半夜做了一梦,梦见飞龙在天,醒来睁眼的一瞬间,竟然恍惚看到周围有一通碑子,有扫松花的扫帚,有和尚吃茶的石桌。很是惊奇,难道梦境在人睡着的时候是具现的?疑疑惑惑就直坐到天明。

药王堂

柞水有个药王堂,仅仅是一间庙,就修在山根的一个台子上。台子可能是开出来的,也可能是水冲刷出来的,远远看去,就像一块大的石头。

据说孙思邈当年路过这里,坐下来要歇脚,当地山民都跑来求他治病,他就再没走成,从唐朝一直坐到了现在,坐成了一个小庙。

小庙不知翻修了几百次,庙始终是一间房,和山区寻常人家的房子没有区别,但来人不绝,似乎那就是孙思邈的家,有了病来看看,没病了也来看看。

孙思邈似乎已习惯这山区的日子了,小小的台面不足三十平方米,出门到台沿一丈多宽,不砌院墙,立马就能看到台子下的乾佑河,河水总是呜咽呜咽,河对岸的山冈上,满是柴林,雨后的太阳照着,柴林的叶子像涂了蜡,闪闪发亮,像无数的眼睛瞅过来。而房的左边呢,崖壁上湿漉漉的,插了个竹片就流出水来,水细得如同挂面,下边的潭仅是笼筐大,这也就够用了。房的右边还种了菜,是三行葱,二十来棵豆角苗,竟然靠崖角还长着一窝西红柿呀,柿子青里泛了红,正是好的颜色。

庙里住着神,又觉得是白胡子老者,能听到咳嗽吧,是不是正研了药往葫芦里装呢?

山民又来了许多,都说:去摸摸那个葫芦么,要些药,灵验得很哩!

进山东

第一回进山东,春正发生,出潼关沿着黄河古道走,同车里有着几个和尚——和尚使我们与古代亲近——恍惚里,春秋战国的风云依然演义,我这是去了鲁国之境了。鲁国的土地果然肥沃,人物果然礼仪,狼虎的秦人能被接纳吗?深沉的胡琴从那一簇蓝瓦黄墙的村庄里传来,音韵绵长,和那一条并不知名的河,在暮色苍茫里蜿蜒而来又蜿蜒而去,弥漫着,如麦田上浓得化也化不开的雾气,我听见了在泗水岸上,有了"逝者如斯夫"的声音,从孔子一直说到了现在。

我的祖先,那个秦嬴政,在他的生前是曾经焚书坑儒过的,但居山高为秦城,秦城已坏,凿池深为秦坑,自坑其国,江海可以涸竭,乾坤可以倾侧,唯斯文用之不息,如今,他的后人如我者,却千里迢迢来拜孔子了。其实,秦嬴政在统一天下后也是来过鲁国旧地,他在泰山上祀天,封禅是帝王们的举动,我来山东,除了拜孔,当然也得去登泰山,只是祈求上天给我以艺术上的想象和力量。

接待我的济宁市的朋友说：哈，你终于来了！我是来了，孔门弟子三千，我算不算三千零一呢？我没有给伟大的先师带一束干肉，当年的苏轼可以唱"执瓢从之，忽焉在后"，我带来的唯是一颗头颅，在孔子的墓前叩一个重响。

　　一出潼关，地倾东南，风沙于后，黄河在前，是有了这么广大的平原才使黄河远去，还是有了黄河才有了这平原？哐啷哐啷的车轮整整响了一夜，天明看车外，圆天之下是铅色的低云，方地之上是深绿的麦田，哪里有紫白色的桐花哪里就有村庄，粗糙的土坯院墙，砖雕的门楼，脚步沉缓的有着黑红颜色而褶纹深刻的后脖的农民，和那叫声依然如豹的走狗——山东的风光竟与陕西关中如此相似！这种惊奇使我必然思想，为什么山东能产生孔子呢？那年去新疆，爱上了吃新疆的馕，怀里揣着一块在沙漠上走了一天，遇见一条河水了，蹲下来洗脸，日地将馕抛向河的上游，开始洗脸，洗毕时馕已顺水而至，捡起泡软了的馕就水而吃，那时我歌颂过这种食品，正是吃这种食品产生了包括穆罕默德在内的多少伟人！而山东也是吃大饼的，葱卷大饼，就也产生了孔子这样的圣人吗？古书上也讲，泰山在中原独高，所以生孔子。圣人或许是吃简单的粗糙的食品而出的，但孔子的一部《论语》能治天下，儒家的文化何以又能在这里产生呢？望着这大的平原，我醒悟到平原是黄天厚土，它深沉博大，它平坦辽阔，它正规，它也保守而滞积，儒文化是大平原的产物，大平原只能产生儒文化。那么，老庄的哲学呢？就产生于山地和沼泽吧。

在曲阜,我已经无法觅寻到孔子当年真正生活过的环境,如今以孔庙孔府孔林组合的这个城市,看到的是历朝历代皇帝营造起来的孔家的赫然大势。一个文人,身后能达到如此的豪华气派,在整个地球上怕再也没有第二个了。这是文人的骄傲。但看看孔子的身世,他的生前凄凄惶惶的形状,又让我们文人感到一份心酸。司马迁是这样的,曹雪芹也是这样,文人都是与富贵无缘,都是生前得不到公正的。在济宁,意外地得知,李白竟也是在济宁住过二十余年啊! 遥想在四川参观杜甫草堂,听那里人在说,流离失所的杜甫到成都去拜会他的一位已经做了大官的昔日朋友,门子却怎么也不传禀,好不容易见着了朋友,朋友正宴请上司,只是冷冷地让他先去客栈里住下好了。杜甫蒙受羞辱,就出城到郊外,仰躺在田埂上对天浩叹。尊诗圣的是因为需要诗圣,做诗圣的只能贫困潦倒。我是多么崇拜英雄豪杰呀,但英雄豪杰辈出的时代斯文是扫地的。孔庙里,我并不感兴趣那些大大小小的皇帝为孔子竖立的石碑,独对那面藏书墙钟情,孔老夫子当周之衰则否,属鲁之乱则晦,及秦之暴则废,遇汉之王则兴,乾坤不可以久否,日月不可以久晦,文籍不可以久废啊!

当我立于藏书墙下留影拍照时,我吟诵的是米芾的赞词:"孔子孔子,大哉孔子! 孔子以前,既无孔子;孔子之后,更无孔子。孔子孔子,大哉孔子!"出得孔府,回首府门上的对联,一边有富贵二字,将富字写成"冨",一边有文章二字,将章字写成"章"。据说"冨"字没一点,意在富贵不可封顶,"章"字出头,意在文章可以通天。唏,这只是孔门后代的得意。衍圣公也是一代一代的,这如现在一些文化名人的纪念馆,遗孀或子女大都能当个纪念馆长一样的。做人是不是伟大的,先前姑且不论,死后能福及子孙后代和国人的就是伟大的人。孔子是这样,秦嬴政是这样,毛泽东也是这样,看着繁荣富裕的曲阜,我就想到了秦兵马俑所在地临潼的热闹。

在孔庙里我睁大眼睛察看圣迹图,中国最早的这组石刻连环画,孔子的相貌并不俊美,头凹脸阔,豁牙露鼻。因父亲与一个年龄相差数十岁的女子结婚,他被称为野合所生,身世的不合俗理和相貌的丑陋,以及生存困窘,造就了千古素王。而秦嬴政呢,竟也是野合所得。有意思的是秦嬴政做了始皇,焚书坑儒,却也能到泰山封禅,他到了这里,不知对孔子作何感想?他登泰山而天降大雨,想没想到过因泰山而有了孔子,也可以说因了孔子而有了泰山,在泰山上他能祀天而求得以武功得天下又以武功能守天下吗?

我在泰山上觅寻我的祖先遇雨而避的山崖和古松,遗憾地没有找到这个景点。听导游的人解说,我的祖先毕竟还是登上了山顶,在那里燃起熊熊大火与天接通,天给了他什么昭示,后人恐怕不可得知,而事实是秦亡后就在泰山之下孔庙孔府孔林如皇宫一样蠡起而千万年里香火不绝。孔子就是五岳独尊的泰山吗?泰山就是永远的孔子吗?登泰山者,人多如蚁,而几多人真正配得上登泰山呢?我站在北拱石下向北面的峰头上看,我许下了我的宏愿,如果我有了完成夙命的能力和机会,我就要在那个峰头上造一个大庙的。我抚摸着北拱石,我以为这块石头是高贵的,坚强的,是一个阳具,是一个拳头,是一个冲天的惊叹号。

古人讲:登泰山而一览众山小。周围的山确实是小的,小的不仅仅是周围的山,也小的是天下。我这时是懂得了当年孔子登山时的心境,也知道了他之所以惶惶如丧家之犬一样到处游说的那一份自信的。

我带回了一块石头,泰山上的石头。过去的皇帝自以为他们是天之骄子,一旦登基了就来泰山封禅的,但有的定都地远,他们可以来泰山祀天,也可以在自家门前筑一个土丘作为泰山来祀,而我只带回一块石头——泰山石是敢当的——泰山就永远属于我,给我拔地通天的信仰了。

进山东的时候,我是带了一批《土门》要参加签名售书活动的,在济宁城里搞了一场,书店的人又动员我能再到曲阜搞一次,我断然拒绝了。孔子门前怎能卖书呢?我带的是《土门》,我要上泰山登天门,奠地了还要祀天啊!我站在山顶的一节石阶上往天边看去,据说孔子当年就站在这儿,能看到苏州城门洞口的人物,可我什么也看不见,我是没有孔子的好眼力,但孔子教育了我放开了眼量,我需要一副好的眼力去看花开花落,看云聚云散,看透尘世的一切。

怀着拜孔子、登泰山的愿望进山东,额外地在济宁参观了武氏祠的汉画像石,多么惊天动地的艺术!数百块的石刻中,令我惊异的是最多的画像竟是孔子见老子图。中国最伟大的会见,历史的瞬间凝固在天地间动人的一幕,年轻的孔子恭敬地站在那里,大袖筒中伸出两只雁头,这是他要送给老子的见面礼。孔子身后是颜回等二十人,四人手捧简册,而子路头有雄鸡,可能是子路生性喜辩爱斗的吧。这次会见,两人具体说了些什么,史料没有详载,民间也甚不传说,而礼仪之邦的芸芸众生却津津乐道,于此不疲,以至于这么多的石刻图案。老子在西,孔子在东,孔子能如此地去见老子,但孔子生前为什么竟不去秦呢?这个问题我站在泰山顶上了还在追问自己,仍是究竟不出,孔子在说登泰山而赋,我要赋什么呢?我要赋的就只有这一腔疑惑和惆怅了。

秦　腔

山川不同,便风俗区别,风俗区别,便戏剧存异;普天之下人不同貌,剧不同腔;京,豫,晋,越,黄梅,二黄,四川高腔,几十种品类;或问:历史最悠久者,文武最正经者,是非最汹汹者?曰:秦腔也。正如长处和短处一样突出便见其风格,对待秦腔,爱者便爱得要死,恶者便恶得要命。外地人——尤其是自夸于长江流域的纤秀之士——最害怕秦腔的震撼;评论说得婉转的是:唱得有劲;说得直率的是:大喊大叫。于是,便有柔弱女子,常在戏台下以绒堵耳,又或在平日教训某人:你要不怎么怎么样,今晚让你去看秦腔!秦腔成了惩罚的代名词。所以,别的剧种可以各省走动,唯秦腔则如秦人一样,死不离窝;严重的乡土观念,也使其离不了窝:可能还在西北几个地方变腔走调的有些市场,却绝对冲不出往东南而去的潼关呢。

但是,几百年来,秦腔却没有被淘汰,被沉沦,这使多少人在大惑而不得其解。其解是有的,就在陕西这块土地上。如果是一个南方人,坐车轰轰隆隆往北走,渡过黄河,进入西岸,八百里秦川大地,原来竟是:一抹黄褐的平原;辽阔的地平线上,一处一处用木椽夹打成一尺多宽墙的土屋,粗笨而庄重;冲天而起的白杨,苦楝,紫槐,枝干粗壮如桶,叶却小似铜钱,迎风正反翻覆……你立即就会明白了:这里的地理构造竟与秦腔的旋律惟妙惟肖的一统!再去接触一下秦人吧,活脱脱的一群秦始皇兵马俑的复出:高个,浓眉,眼和眼间隔略远,手和脚一样粗大,上身又稍稍见长于下身。当他们背着沉重的三角形状的犁铧,赶着山包一样团块组合式的秦川公牛,端着脑袋般大小的耀州瓷碗,蹲在立的卧的石磙子碌碡上吃着牛肉泡馍,你不禁又要改变起世界观了:啊,这是块多么空旷而实在的土地,在这块土地挖爬滚打的人群是多么"二愣"的民众!那晚霞烧起的黄昏里,落日在地平线上欲去不去的痛苦的妊娠,五里一村,十里一镇,高音喇叭里传播的秦腔互相交织,冲撞,这秦腔原来是秦川的天籁,地籁,人籁的共鸣啊!于此,你不渐渐感觉到了南方戏剧的秀而无骨吗?不深深地懂得秦腔为什么形成和存在而占却时间、空间的位置吗?

八百里秦川,以西安为界,咸阳,兴平,武功,周至,凤翔,长武,岐山,宝鸡,两个专区几十个县为西府;三原,泾阳,高陵,户县,合阳,大荔,韩城,白水,一个专区十几个县为东府。秦腔,就源于西府。在西府,民性敦厚,说话多用去声,一律咬字沉重,对话如吵架一样,哭丧又一呼三叹。呼喊远人更是特殊:前声拖十二分的长,末了方极快地道出内容。声韵的发展,使会远道喊人的人都从此有了唱秦腔的天才。老一辈的能唱，小一辈的能唱，男的能唱，女的能唱；唱秦腔成了做人最体面的事，任何一个乡下男女，只有唱秦腔，才有出人头地的可能，大凡有出息的，是个人才的，哪一个何曾未登过台，起码不能吼一阵乱弹呢！

农民是世上最劳苦的人，尤其是在这块平原上，生时落草在黄土炕上，死了被埋在黄土堆下；秦腔是他们大苦中的大乐，当老牛木犁疙瘩绳，在田野已经累得筋疲力尽，立在犁沟里大喊大叫来一段秦腔，那心胸肺腑，关关节节的困乏便一尽儿涤荡净了。秦腔与他们，要和"西凤"白酒，长线辣子，大叶卷烟，牛肉泡馍一样成为生命的五大要素。若与那些年长的农民聊起来，他们想象的伟大的共产主义生活，首先便是这五大要素。他们有的是吃不完的粮食，他们缺的是高超的艺术享受，他们教育自己的子女，不会是那些文豪们讲的，幼年不是祖母讲着动人的迷丽的童话，而是一字一板传授着秦腔。他们大都不识字，但却出奇地能一本一本整套背诵出剧本，虽然那常常是之乎者也的字眼从那一圈胡子的嘴里吐出来十分别扭。有了秦腔，生活便有了乐趣，高兴了，唱"快板"，高兴得像被烈性炸药爆炸了一样，要把整个身心粉碎在天空！痛苦了，唱"慢板"，揪心裂肠的唱腔却表现了多么有情有味的美来，美给了别人的享受，美也熨平了自己心中愁苦的皱纹。当他们在收获时节的土场上，在月在中天的庄院里大吼大叫唱起来的时候，那种难以想象的狂喜，激动，雄壮，与那些献身于诗歌的文人，与那些有吃有穿却总感空虚的都市人相比，常说的什么伟大的永恒的爱情是多么渺小、有限和虚弱啊！

我曾经在西府走动了两个秋冬，所到之处，村村都有戏班，人人都会清唱。在黎明或者黄昏的时分，一个人独独地到田野里去，远远看着天幕下一个一个山包一样隆起的十三个朝代帝王的陵墓，细细辨认着田埂土、荒草中那一截一截汉唐时期石碑上的残字，高高的土屋上的窗口里就飘出一阵冗长的二胡声，几声雄壮的秦腔叫板，我就痴呆了，感觉到村口的尘土里，一头叫驴的打滚是那么有力，猛然发现了自己心胸中一股强硬的气魄随同着胳膊上的肌肉疙瘩一起产生了。

每到农闲的夜里，村里就常听到几声锣响：戏班排演开始了。演员们都集合起来，到那古寺庙里去。吹，拉，弹，奏，翻，打，念，唱，提袍甩袖，吹胡瞪眼，古寺庙成了古今真乐府，天地大梨园。导演是老一辈演员，享有绝对权威，演员是一家几口，夫妻同台，父子同台，公公儿媳也同台。按秦川的风俗：父和子不能不有其序，爷和孙却可以无道，弟与哥嫂可以嬉闹无常，兄与弟媳则无正事不能多言。但是，一到台上，秦腔面前人人平等，兄可以拜弟媳为帅为将，子可以将老父绳绑索捆。寺庙里有窗无扇，屋梁上蛛丝结网，夏天蚊虫飞来，成团成团在头上旋转，薰蚊草就墙角燃起，一声唱腔一声咳嗽。冬天里四面透风，柳木疙瘩火当中架起，一出场一脸正经，一下场凑近火堆，热了前怀，凉了后背。排演到什么时候，什么时候都有观众，有抱着二尺长的烟袋的老者，有凳子高、桌子高趴满窗台的孩子。庙里一个跟头未翻起，窗外就哇的一声叫倒好，演员出来骂一声：谁说不好的滚蛋！他们抓住窗台死不滚去，倒要连声讨好：翻得好！翻得好！更有殷勤的，跑回来偷拿了红薯、土豆，在火堆里煨熟给演员作夜餐，赚得进屋里有一个安全位置。排演到三更鸡叫，月儿偏西，演员们散了，孩子们还围了火堆弯腰踢腿，学那一招一式。

　　一出戏排成了，一人传出，全村振奋，扳着指头盼那上演日期。一年十二个月，正月元宵日，二月龙抬头，三月三，四月四，五月五日过端午，六月六日晒丝绸，七月过半，八月中秋，九月初九，十月一日，再是那腊月五豆，腊八，二十三……月月有节，三月一会，那戏必是上演的。戏台是全村人的共同的事业，宁肯少吃少穿也要筹资集款，买上好的木石，请高强的工匠来修筑。村子富不富，就比这戏台阔不阔。一演出，半下午人就扛凳子去占地位了，未等戏开，台下坐的、站的人头攒拥，台两边阶上立的卧的是一群顽童。那锣鼓就叮叮咣咣地闹台，似乎整个世界要天翻地覆了。各类小吃趁机摆开，一个食摊上一盏马灯，花生，瓜子，糖果，烟卷，油茶，麻花，烧鸡，煎饼，长一声短一声叫卖不绝。锣鼓还在一声儿敲打，大幕只是不拉，演员偶尔从幕边往下望望，下边就喊：开演呀，场子都满了！幕布放下，只说就要出场了，却又叮叮咣咣不停。台下就乱了，后边的喊前边的坐下，前边的喊后边的为什么不说最前边的立着；场外的大声叫着亲朋子女名字，问有坐处没有，场内的锐声回应快进来；有要吃煎饼的喊熟人去买一个，熟人买了站在场外一扬手，"日"的一声隔人头甩去，不偏不倚目标正好；左边的喊右边的踩了他的脚,右边的叫左边的挤了他的腰,一个说:狗年快完了,你还叫啥哩?一个说:猪年还没到,你便拱开了!言语伤人,动了手脚;外边的趁机而入,一时四边向里挤,里边向外扛,人的旋涡涌起,如四月的麦田起风,根儿不动,头身一会儿倒西,一会儿倒东,喊声、骂声、哭声一片;有拼命挤将出来的,一出来方觉世界偌大,身体胖肿,但差不多却光了脚,乱了头发。大幕又一挑,站出戏班头儿,大声叫喊要维持秩序;立即就跳出一个两个所谓"二干子"人物来。这类人物多是头脑简单,四肢发达,却十二分忠诚于秦腔,此时便拿了枝条儿,哪里人挤,哪里打去,如凶神恶煞一般。人人恨骂这些人,人人又都盼有这些人,叫他们是秦腔宪兵,宪兵者越发忠于职责,虽然彻夜不得看戏,但大家一夜满足了,他们也就满足了一夜。

终于台上锣鼓停了,大幕拉开,角色出场。但不管男的女的,出来偏不面对观众,一律背身掩面,女的就碎步后移,水上漂一样,台下就叫:瞧那腰身,那肩头,一身的戏哟!是男的就摇那帽翎,一会双摇,一会单摇,一边上下飞闪,一边纹丝不动,台下便叫:绝了,绝了!等到那角色儿猛一转身,头一高扬,一声高叫,声如炸雷豁啷啷直从人们头顶碾过,全场一个冷战,从头到脚,每一个手指尖儿,每一根头发梢儿都麻酥酥的了。如果是演《救裴生》,那慧娘站在台中往下蹲,慢慢地,慢慢地,慧娘蹲下去了,全场人头也矮下去了半尺,等那慧娘往起站,慢慢地,慢慢地,慧娘站起来了,全场人的脖子也全拉长了起来。他们不喜欢看生戏,最欢迎看熟戏,那一腔一调都晓得,哪个演员唱得好,就摇头晃脑跟着唱,哪个演员走了调,台下就有人要纠正。说穿了,看秦腔不为求新鲜,他们只图过瘾。

在这样的地方,这样的环境,这样的气氛,面对着这样的观众,秦腔是最逗能的,它的艺术的享受,是和拥挤而存在,是有力气而获得的。如果是冬天,那风在刮着,像刀子一样,如果是夏天,人窝里热得如蒸笼一般,但只要不是大雪,冰雹,暴雨,台下的人是不肯撤场的。最可贵的是那些老一辈的秦腔迷,他们没有力气挤在台下,也没有好眼力看清演员,却一溜一排地蹲在戏台两侧的墙根,吸着草烟,慢慢将唱腔品赏。一声叫板,便可以使他们坠入艺术之宫,"听了秦腔,肉酒不香",他们是体会得最深。那些大一点的,脾性野一点的孩子,却占领了戏场周围所有的高空,杨树上,柳树上,槐树上,一个枝杈一个人。他们常常乐而忘了险境,双手鼓掌时竟从树杈上掉下来,掉下来自不会损伤,因为树下是无数的人头,只是招致一顿臭骂罢了。更有一些爬在了场边的麦秸积上,夏天四面来风,好不凉快,冬日就扒个草洞,将身子缩进去,露一个脑袋。也正是有闲阶级享受不了秦腔吧,他们常就瞌睡了,一觉醒来,月在西天,戏毕人散,只好苦笑一声悄然没声儿地溜下来回家敲门去了。

当然,一次秦腔演出,是一次演员亮相,也是一次演员受村人评论的考场。每每角色一出场,台下就一片喊喊喳喳:这是谁的儿子,谁的女子,谁家的媳妇,娘家何处?于是乎,谁有出息,谁没能耐,一下子就有了定论。有好多外村的人来提亲说媒,总是就在这个时候进行。据说有一媒人将一女子引到台下,相亲台上一个男演员,事先夸口这男的如何俊样,如何能干,但戏演了过半,那男的还未出场,后来终于出来,是个国民党的伪兵,还持枪未走到中台,扮游击队长的演员挥枪一指,"叭"的一声,那伪兵就倒地而死,爬着钻进了后幕。那女子当下哼一声,闭了嘴,一场亲事自然了了。这是喜中之悲一例。据说还有一例,一个老头在脖子上架了孙孙去看戏,孙孙吵着要回家,老头好说好劝只是不忍半场而去,便破费买了半斤花生,他眼盯着台上,手在下边剥花生,然后一颗一颗扬手煸到孙孙嘴里,但喂着喂着,竟将一颗塞进孙孙鼻孔,吐不出,咽不下,口鼻出血,连夜送到医院动手术,花去了七十元钱。但是,以秦腔引喜的事却不计其数。每个村里,总会有那么个老汉,夜里看戏,第二天必是头一个起床往戏台下跑。戏台下一片石头,砖头,一堆堆瓜子皮,糖果纸,烟屁股,他掀掀这块石头,踢踢那堆尘土,少不了要捡到一角两角甚至三元四元钱币来,或者一只鞋,或者一条手帕。这是村里钻刁人干的营生,而馋嘴的孩子们有的则夜里趁各家锁门之机,去地里摘那香瓜来吃,去谁家院里将桃杏装在背心兜里回来分红。自然少不了有那些青春妙龄的少男少女,则往往在台下混乱之中眼送秋波,或者就悄悄退出,相依相偎到黑黑的渠畔树林子里去了……

秦腔在这块土地上,有着神圣的不可动摇的基础。凡是到这些村庄去下乡,到这些人家去做客,他们最高级的接待是陪着看一场秦腔,实在不逢年过节,他们就会要合家唱一会儿乱弹,你只能点头称好,不能耻笑,甚至不能有一点不入神的表示。他们一生最崇敬的只有两种人,一是国家领导人,一是当地的秦腔名角。即是在任何地方,这些名角没有在场,只要发现了名角的父母,去商店买油是不必排队的,进饭馆吃饭是会有座位的,就是在半路上挡车,只要喊一声:我是某某的什么,司机也便要嘎地停车。但是,谁要侮辱一下秦腔,他们要争死争活地和你论理,以致大打出手,永远使你记住教训。每每村里过红白丧喜之事,那必是要包一台秦腔的,生儿以秦腔迎接,送葬以秦腔志哀,似乎这人生的世界,就是秦腔的舞台,人只要在舞台上,生、旦、净、丑,才各显了真性,恶的夸张其丑,善的凸现其美,善的使他们获得了美的教育,恶的也使丑里化作了美的艺术。

广漠旷远的八百里秦川,只有这秦腔,也只能有这秦腔,八百里秦川的劳作农民只有也只能有这秦腔使他们喜怒哀乐。秦人自古是大苦大乐之民众,他们的家乡交响乐除了大喊大叫的秦腔还能有别的吗?

我的故乡是商洛

人人都说故乡好。我也这么说,而且无论在什么时候什么地方,说起商洛,我都是两眼放光。这不仅出自于生命的本能,更是我文学立身的全部。

商洛虽然是山区,站在这里,北京很偏远,上海很偏远。虽然比较贫穷,山和水以及阳光空气却纯净充裕。我总觉得,云是地的呼吸所形成的,人是从地缝里冒出的气。商洛在秦之头、楚之尾,秦岭上空的鸟是丹江里的鱼穿上了羽毛,丹江里的鱼是秦岭上空的脱了羽毛的鸟,它们是天地间最自在的。我就是从这块地里冒出来的一股气,幻变着形态和色彩。所以,我的人生观并不认为人到世上是来受苦的。如果是来受苦的,为什么世上的人口那么多,每一个人活着又不愿死去?人的一生是爱的圆满,起源于父母的爱,然后在世上受到太阳的光照,水的滋润,食物的供养,而同时传播和转化。这也就是之所以每个人的天性里都有音乐、绘画、文学的才情的原因。哲人说过,当你采到一朵花而喜爱的时候,其实这朵花更喜欢你。人世上为什么有争斗、伤害、嫉恨、恐惧,是人来得太多,空间太少而产生的贪婪。基于此,我们常说死亡是死者带走了一份病毒和疼痛,活着的人应该感激他。

我爱商洛,觉得这里的山水草木飞禽走兽没有不可亲的。这里的人不爱为官,为民摆摊的、行乞的又都没有不是好人。在长达数十年中,商洛人去西安见我,我从来好烟好茶好脸好心地相待,不敢一丝怠慢,商洛人让我办事,我总是满口应允,四蹄跑着尽力而为。至今,我的胃仍然是洋芋糊汤的记忆,我的口音仍然是秦岭南坡的腔调。商洛也爱我,它让我几十年都在写它,它容忍我从各个角度去写它,素材是那么丰富,胸怀是那么宽阔。凡是我有了一点成绩,是商洛最先鼓掌,一旦我受到挫败,商洛总能给予慰藉。

我是商洛的一棵草木、一块石头、一只鸟、一只兔、一个萝卜、一个红薯,是商洛的品种,是商洛制造。

我在商洛生活了十九年后去了西安,20世纪80年代我曾三次大规模地游历了各县,几乎走遍了所有大小村镇,此后的几十年,每年仍十多次往返不断。自从去了西安,有了西安的角度,我更了解和理解了商洛,而始终站在商洛这个点上,去观察和认知着中国。这就是我人生的秘密,也就是我文学的秘密。

至今我写下千万文字,每一部作品里都有商洛的影子和痕迹。早年的《山地笔记》,后来的《商州三录》《浮躁》,再后的《废都》《妊娠》《高老庄》《怀念狼》,以及《秦腔》《高兴》《古炉》《带灯》和《老生》,那都是文学的商洛。其中大大小小的故乡,原型有的就是商洛记录，也有原型不是商洛的，但熟悉商洛的人，都能从作品里读到商洛的某地山水物产风俗，人物的神气方言。我已经无法摆脱商洛，如同无法不呼吸一样，如同羊不能没有膻味一样。

凤楼常近日，鹤梦不离云。

我欣赏荣格的话：文学的根本是表达集体无意识。我也欣赏"生生不息"这四个字。如何在生活里寻找到、准确抓住集体无意识，这是我写作中最难最苦最用力的事。而在面对了原始具象，要把它写出来时，不能写得太熟太滑，如何求生求涩，这又是我万般警觉和小心的事。遗憾的是这两个方面我都做得不好。

人的一生实在太短，干不了几件事。当我选择了写作，就退化了别的生存功能，虽不敢懈怠，但自知器格简陋，才质单薄，无法达到我向往的境界，无法完成我追求的作品。别人或许是建造故宫，我只是经营农家四合院。

我在书房悬挂了一块匾：待星可披。意思是什么时候星光才能照着我啊。而我能做到的就是在屋里安了一尊佛像和一尊土地神。佛法无边，可以惠泽众生，土地神则护守住我那房子和我的灵魂。

从棣花到西安

秦岭的南边有棣花,秦岭的北边是西安,路在秦岭上约三百里。世上的大虫是虎,长虫是蛇,人实在是个走虫。几十年里,我在棣花和西安生活着,也写作着,这条路就反复往返。

父亲告诉过我,他十多岁去西安求学,是步行的,得走七天,一路上随处都能看见破坏的草鞋。他原以为三伏天了,石头烫得要咬手,后来才知道三九天的石头也咬手,不敢摸,一摸皮就粘上了。到我去西安上学的时候,有了公路,一个县可以每天通一趟班车,买票却十分难场,要头一天从棣花赶去县城,成夜在车站排队购买。班车的窗子玻璃从来没有完整过,夏天里还能受,冬天里风刮进来,无数的刀子在空中舞,把火车头帽子的两个帽耳拉下来系好,哈出的气就变成霜,帽檐是白的,眉毛也是白的。时速至多是四十里吧,吭吭唧唧在盘山路上摇晃,头就发昏。不一会儿有人晕车,前边的人趴在窗口呕吐,风把脏物又吹到后边窗里,前后便开始叫骂。司机吼一声:甭出声!大家明白夫和妻是荣辱关系,乘客和司机却是生死关系,出声会影响司机的,立即全不说话。路太窄太陡了,冰又瓷溜溜的,车要数次地停下来,不是需要挂防滑链,就是出了故障,司机爬到车底下,仰面躺着,露出两条腿来。到了秦岭主峰下,那个地方叫黑龙口,是解手和吃饭的固定点。穿着棉袄棉裤的乘客,一直是插萝卜一样挤在一起,要下车就都浑身麻木,必须揉腿。我才搬起一条腿来,旁边人说:那是我的腿。我就说:我那腿呢?我那腿呢?感觉我没了腿。一直挨到天黑,车才能进西安,从车顶上卸下行李了,所有人都在说:嗨,今日顺利!因为常有车在秦岭上翻了,死了的人在沟里冻硬,用不着抬,像捐椽一样捐上来。即使自己坐的车没有翻,前边的车出了事故,或者塌方了,那就得在山里没吃没喝冻一夜。

20世纪90年代初,这条公路改造了,不再是沙土路,铺了柏油,而且很宽,车和车相会没有减速停下,灯眨一下眼就过去了。过去车少,麦收天沿村庄的公路上,农民都把割下的麦子摊着让碾,狗也跟着撵。改造后的路不准摊麦了,车经过唰的一声,路边的废纸就扇得贴在屋墙上,半会儿落不下。狼越来越少了,连野兔也没了,车却黑日白日不停息。各个路边的村子都死过人,是望着车还远着,才穿过路一半,车却瞬间过来轧住了。棣花几年里有五个人被轧死,村人说这是祭路哩,大工程都要用人祭哩。以前棣花有两三个司机,在县运输公司开班车,体面荣耀。他们把车停在路边,提了酒和肉回家,那毛领棉大衣不穿,披上,风张着好像要上天。沿途的人见了都给笑脸,问候你回来啦?就有人猫腰跟着,偷声换气地乞求明日能不能捎一个人去省城。可现在,公路上啥车都有,连棣花也有人买了私家车,才知道驾驶很容易的,几乎只要是个狗,爬上车都能开。那一年,我父亲的坟地选在公路边,母亲说离公路近,太吵吧,风水先生说:这可是好穴哇,坟前讲究要有水,你瞧,公路现在就是一条大河啊!

我每年十几次从西安到棣花,路经蓝关,就可怜了那个韩愈,他当年是"雪拥蓝关马不前"呀,便觉得我很幸福,坐车三个半小时就到了。

过了 2000 年,开始修铁路。棣花人听说过火车,没见过火车,通车的那天,各家在通知着外村的亲戚都来,热闹得像过会。中午时分,铁路西边人山人海,火车刚一过来,一人喊:来了——!所有人就像喊欢迎的口号:来了来了!等火车开过去了,一人喊:走了——!所有人又在喊口号:走了走了!但他们不走,还在敲锣打鼓。十天后我回棣花,邻居的一个老汉神秘地给我说:你知道火车过棣花说什么话吗?我说:说什么话?他就学着火车的响声,说:棣花——!不穷!不穷!不穷不穷,不穷不穷!我大笑,他也笑,他嘴里的牙脱落了,装了假牙,假牙床子就笑了出来。

有了火车,我却没有坐火车回过棣花,因为火车开通不久,一条高速路就开始修。那可是八车道的路面呀,洁净得能晾了凉粉。村里人把这条路叫金路,传说着那是一捆子一捆子人民币铺过来的,惊叹着国家咋有这么多钱啊!每到黄昏,村后的铁路上过火车,拉着的货物像一连串的山头在移动。村人有的在唱秦腔,有的在门口咿咿呀呀拉胡琴,火车的鸣笛不是音乐,可一鸣笛把什么乐响都淹没了。火车过后,总有三五一伙端着老碗一边吃一边看村前的高速路,过来的车都是白光,过去的车都是红光,两条光就那么相对地奔流。他们遗憾的是高速路不能横穿,而谁家狗好奇,钻过铁丝网进去,竟迷糊得只顺着路跑,很快就被轧死了,一摊肉泥粘在路上。我第一回走高速路回棣花,没有打盹,头还扭来转去看车窗外的景色,车突然停了,司机说:到了。我说:到了?有些不相信,但我弟就站在老家门口,他正给我笑哩。我看看表,竟然仅一个半小时。从此,我更喜欢从西安回棣花了,经常是我给我弟打电话说我回去,我弟问:吃啥呀?我说:面条吧。我弟放下电话开始擀面,擀好面,烧开锅,一碗捞面端上桌了,我正好车停在门口。

在好长时间里,我老认为西安越来越大,像一张大嘴,吞吸着方圆几百里的财富和人才,而乡下,像我的老家棣花,却越来越小。但随着312公路改造后,铁路和高速路的相继修成,城与乡在拉近了,它吞吸去了棣花的好多东西,又呼吐了好多东西给棣花,曾经瘦了的棣花慢慢鼓起了肚子。棣花已经成了旅游点,农家乐小饭馆到处都有,小洋楼一幢一幢盖了,有汽车的人家也多了,甚至荒废了十几年的那条老街重新翻建,一间房价由原来的十几元猛增到上万元。以前西安的人来,皮鞋印子留在门口,舍不得扫;如今西安打一个喷嚏,棣花人就问:咱是不是要感冒啦?他们啥事都知道,啥想法也都有。而我,更勤地从西安到棣花,从棣花到西安。我不再以出生在山里而自卑,车每每经过秦岭,看山峦苍茫,白云弥漫,就要念那首诗:啊,给我个杠杆吧,我会撬动地球。给我一棵树吧,我能把山川变成绿洲。只要你愿意嫁我,咱们就繁衍一个民族。

就在上一个月,又得到一个消息,还有一条铁路要从西安经过棣花,秋季里动工。

第六辑

初中毕业后

一九六八年八月,武斗的枪声渐渐平息,"红色政权"——各派势力平衡不均的革命委员会——一个村一个村地宣告成立,天下该是太平了。但娘仍是不让我到处跑,天不黑就关门,蒙了被子到炕上去睡。我那时好犟,嫌娘太胆儿小,说村子里谁家孩子不在热闹,偏偏咱家前门关了,后门掩了,自己吓自己呢。娘扇我个耳光,臭骂一通,末了却抹着泪说:"咱怎么能和人家比了?你要有个三长两短,你父亲回来,我怎么向他交代啊?!"

娘一说这话,我就不言语了。父亲,一个忠厚本分的教了数十年小学和中学语文的老师,被一个无赖轻易地诬陷,一夜之间,便成了历史反革命分子。如今还在"学习班"上啊。枪声的消失,使我们解除了命在旦夕的恐惧,但那叮叮咣咣——开批斗会是少不了这种打击乐的助威的——锣鼓声,却更加不安了我们对父亲的牵挂。

一日,正是黄昏,院门被人敲响,娘将我们兄妹拉进小房门里,死不出声。那敲门声响了一阵,就有人直接在后窗外喊我的名字,我听出是我的同学,将头从窗缝探出去。

"平娃,我是来给你说句话的;你接到学校的通知了吗?"

"通知?是让咱们去'复课闹革命'吗?"

"你还想着读书?咱们要毕业了!通知去学校领毕业证呢!"

"你胡说!"

"谁骗你,让谁当了牛鬼蛇神,进'学习班'去!"

第二天,我揣了几个蒸红薯,小跑步儿赶到十五里外的商洛镇中学去。"文化大革命"一兴起,先还觉得新鲜,哭着闹着要戴那"红卫兵"的袖章,但拳头武斗一开始,我就偷偷跑回家去,已经有近两年的时间未进过这学校了。那棕红色的大门,一边已经裂了;花坛上的防御工事,石头和沙袋拆除了一半;而高高的墙壁上,枪弹爆裂的洞孔还清清楚楚地保留着,据说有一位"烈士",鲜血直喷射到高墙的瓦槽上,我没有去辨认,一头钻进大门,去寻找我上过课的教室了。

教室的门口,被架起来的桌凳堵塞着,院子里,满是碎石、砖块和零拆下来的桌子腿,全校没有一扇窗子是完整的玻璃了。我茫然地站在那里,看见入校时我亲自栽种的那棵小白杨,被刀拦腰砍断去,木桩的碴口上,已经隆起了一块肿瘤似的块疤。

没有典礼,没有仪式,班主任将一张白里套红的硬纸递给我,说:"你毕业了。"

我看着硬纸,上面写着:"贾平娃,男,十四岁,在我校学业期满,准于毕业。一九六七年八月。"

眼下是一九六八年,领的却是一九六七年的毕业证,我毕的是什么业?即使推迟了一年,可我的数学仅仅只学到方程,我算的什么初中毕业生?!

"老师,我不毕业。我这就再读不上书了吗?"

"我哪里想让你们这样出校门呢?"班主任说,"你们学到了方程,六八级连第一册都没学完也就要毕业了。"

我当下就委屈地哭了。四年前,我到这里参加考试的时候,一走出考场,在大门外蹲着的父亲和小学老师一下子就把我抱起来;父亲是一早从四十里外的邻县学校赶来的,他的严厉使我从小就害怕他,当下问起我的考试情况,得知一道算术题因紧张计算错了答案时,就重重地打了我一个耳光,又问起作文,我嚅嚅讷讷复述了一遍,他的手又伸过来,但他没有打耳光,却将我的鼻涕那么一擦,骂了句"好小子!"。当我的名字以第三名成绩出现在考榜之上,一家人喜欢得放了鞭炮,而又从此得到了父亲为我特买的一支钢笔。初入学的一年半里,我每个星期日的下午,背着米面,提着酸菜罐子到学校去,那十五里的沙石公路上,罐子被打碎过六次。我保留着六条罐子系带,梦想着上完初中,上高中,上大学,做一个对社会有贡献的人……可现在,我才学到了方程,我就要毕业了,就要永远不能坐在教室里读书了?!

班主任一直把我送到了校外的公路上。我是他的得意学生,在校的时候,规定每周一次作文,而我总是作两次让他批改。他抚摸着我的头,从怀里掏出一本三年级的语文课本,说:"你带着这本书吧;你还有一本作文,就留在我这儿做个纪念吧。回去了,可不敢自己误了自己,多多地读些书最好。"

我走掉了,走了好远回过头,老师还站在那里,瞧见我看他,手又一次在头顶上摇起来。

从此,我成了一个小农民。

我开始使用一本劳动手册。

清早,上工铃一响,就得赶紧起来,脸是不洗的,头发早剃光了,再用不着梳理,偷偷从柜里抓出一把红薯干片儿装在口袋,就往大场上跑:队长是在那里分配活路的。或者是套牛,"跟斗"滑了,踮着脚在牛脖子上摆好;"撇绳"绊了,蹴下身去扳牛腿,歇晌的时候,两头牛常常头碰头地抵起来,用鞭子如何打不开,就吓得变脸失色地哭。或者去割草,背一个和身子差不多高的大背篓,过深深的丹江河到山上去,到处跑着撵高草,割下了又背不下来,扎起草捆推下山,扎绳又断了,草扬得没个踪影。哭一阵,又重割,露水沾湿了浑身,又常常撞动了草丛中的长虫和野蜂,长虫可以避开,野蜂却成团紧追而来,忙睡倒在地上装死,还是少不了一蜇,须急忙将小便或鼻涕涂在患处。天黑了,呼呼噜噜喝三碗糊糊饭,拿着手册去落工,工分栏里一满写着"3分"。

那时候,队里穷极了,一个工值是二角五分,这就是说,我一天的劳动报酬是七分五厘钱。

我咒骂过队长,嫌给我评的工分低,我将队长的名字写在石头上,然后挖了坟坑埋葬了。娘却总是吓唬我,不让去找队长辩理。

"咱现在是黑人,可不敢在人面前要强,惹不起躲起,人家谁的小拇指头都比咱的腰粗。你好好长吧,再过一年,力气大了,难道老让你挣三分工吗?"

这期间,父亲夜里可以从学习班回来睡觉。一到村口,他就要摘下戴着黑帮字样的白袖筒,天明走时,一出村就又戴上。他教了一辈子书,未经过什么大事,又怕又气,人瘦得失了形。每次出门,就要亲亲我们,对娘说:"他们常常开会,突然就宣布逮捕人,说不定今日我就不得回来了。要真的不能回来,你不要领平儿他们来,让人捎一床被子就是了。"

说罢,一家人都哭了。娘总要给他换上新洗的衣服;父亲剪下领口的扣子,防止用绳索捆绑时,那领口扣子会勒住脖子憋住了气的。

父亲一走,娘就抱着我们哭。但去上工的时候,却一定要我们在盆子里洗脸,不许一个红肿着眼睛出去。

过罢年,学习班突然不让父亲夜里再回来,将他关押在他任教的一所小学校里交代"罪行"。不停地有人传来消息,说父亲拒不认罪,被捆了几绳,有一个麻脸无赖将他打得口鼻出血。我气愤极了,整日计算着去报复那个无赖,娘怕我惹出事来,就将我狠狠地打了一顿,硬逼着我给她回话:安安分分在家待着。我一肚子痛苦,发泄不了,就常常一个人跑到那个小学校围墙外转悠。围墙很高,看不见里边,也听不见里边的动静,大门口站着凶神一样的造反派看守,好说歹说也不让进去看看父亲。我只好又返回家,在丹江河上的那条铁索桥上使劲地晃摇。这桥我以前一步也不敢过,走上去,脚抬多高,桥面也随脚浮多高;天摇地动的,如今我一点胆怯也没有了,双脚拼命地摆动桥面,恨不得将这天地全摆动个翻过。回到家里,村里的孩子们都在放着风筝,风筝是那样地自由自在,但弟弟妹妹却坐在门口呆呆地一动不动。

"放风筝去!"我大声地说,几乎在命令着他们。

我们也糊起了风筝,在阴沉沉的冰冷的高空里,我们的风筝放得最高,也最远。

秋天里,父亲回来了,从此他以历史反革命分子的身份被开除公职回来,再也不去那几十年投入了全部身心而又摧残了全部身心的学校了。他到家的那天,我正在山坡红薯地里拔草,闻讯赶回来,院子里站满了人,一片哭声,我门槛跨不过去,浑身就软得倒在地上。娘拉我到了小房里,父亲是睡在炕上,一见我就死死抱住,放声大哭了:"儿呀,我害了你啊!我害了我娃啊!"

我从未见过父亲这么哭着,害怕极了,想给他说些什么,又不知道该怎样说,只是让父亲的眼泪,一滴一滴落在我的脸上。

父亲浑身是伤,伤得最厉害的莫过于是他一颗忠厚本分的心,他受不了这种屈辱,又悲又痛,就病倒了。父亲一睡倒,家里家外一切重担全都落在娘的身上。多年的饥寒交迫,担惊受怕,她的身子到了极端虚弱的地步,没过多久,胃病也就发作了。每次犯病,就疼痛得在炕上翻来覆去,不吃不喝,又直吐酸水,睡在那里只有一丝儿气了。我们到处借钱给娘抓药,账欠了很多,有人害怕我们还不起,也就不借了,娘后来病一犯,就只好用土方子整治,一直要睡倒七天,或者十天半月,才能下炕。在那段时间,我和弟弟确实祈求过神,跪在村后河湾处一座被拆除了房子的小庙旧址上叩着一个响头又一个响头。

家里什么都变卖了,我们兄妹的衣服,冬天里装上絮套就是棉,夏天里抽去絮套就是单。我那支上中学买的钢笔,却依然插在我的口袋里。村里人都嘲笑我,但我偏笔不离身:它标志着我是一个读过书识过字的人,标志着我是一个教师的儿子!每天夜里,我和父亲就坐在小油灯下,他说,我记,我们写着一份一份"翻案"状子,寄到省上、县上、社上,一份不行,再写一份,我们相信着我们无罪,要求重新调查落实。娘看着我,说:"平儿书没白念呢!"

父亲就对我说:"吃瞎穿瞎不算可怜,肚里没文化,那就要算真可怜。你要刁空读读书,不管日月多么艰难,咱这门里可不能出白丁啊!"

我记着父亲的话,开始读起我过去学过的课本,读起父亲放在楼上的几大堆书来。书是很杂的,但更多的是鲁迅的作品;顶喜欢的要算是鲁迅的那些杂文了,读着虽不十分懂,但能懂的地方,却觉得特别过瘾。越读越放不下,每天中午收工回来,娘还未将饭做熟,我就钻到楼上,在那里铺一张席,躺着来看。吃罢饭,要是夏天,开工还不到时间,大人都到门前树下去乘凉,四邻的孩子们也三三两两去河中玩水了,我就又爬在楼上看书。楼上很热,我脱得赤条条的,开工铃响了,爬起来,那席上就出现一个湿湿的人字形的汗痕。

痛心的是这年秋天,要账的人很多,而且在家大吵大闹,我和父亲没有在家,娘一时气不过,就将这些书担了满满两筐到合作社去卖废纸。我知道后,撵到合作社,书已经过了秤,我和娘好一顿吵嚷,总算抱回来了两捆。娘将卖书钱还给了讨账人,跟跟跄跄回来,就给我流着泪说她不好。我看着可怜的娘,再也没有怨她,怪她,又给娘说起了安慰话,母子俩又是一场痛哭。

书剩下了两捆,我越发珍贵起来,在楼上钉了一个木板架子,一本一本整齐地放在那里,看过一遍,又看过一遍。家里人都发觉我看书看出瘾了,到任何地方去,见到什么书就想着法儿给我借回来。娘常常后悔她卖书的过错,有一次翻箱子,翻出她早年夹鞋样的一本书来,就交给了我,我一看却是一本《中国地理地图》,当下就笑了,却直对着娘说:"这是本好书,这真是好书呢!"

那年月,人活得不精神,天也不时地也不利了,麦秋二料的庄稼总是受旱,粮食一直收不下。家里没有钱,更没有粮。弟弟也从小学休退回来劳动,他长得又粗又高,我们的工分由"三分"上升到三分五厘,再到五分、六分。但是,无论如何,我们干上一年,仍包不住粮钱,而粮呢,却分得极少,一年到头稀溜溜饭喝着,还总是一料赶不及一料。夏里自留地里总是种着大麦,成熟得早,黄一片,割一片,在碾子上踹了皮就煮着吃。秋里,自留地里苞谷还是嫩颗,就用指甲抠下来碾成稀粥做糊糊汤。最猴急的是二三月里,饭食也好,天又特长,娘每次做饭,若是粰子汤,她就要温半碗红薯面捏着菜窝窝煮在里边:大的一个是给父亲的,小的两个是分别给我和弟弟的,顶小的没有包菜的是给小妹的。而她只是喝汤。我把菜窝窝分一半过去,她倒骂我,说是她有胃病,吃那么硬的东西不是要犯病吗?若是吃糊涂面条,不下菜前,她给父亲盛一碗,下一笊篱酸菜了,分别给我和弟弟盛一碗,然后就再下一盆酸菜,她的碗里,几乎是没有一条面儿了。这么过着一段日子,后来连酸菜也没有了,我们每天收工回来,都沿路挖野菜:灰条、刺蝶、打儿蔓、猪耳朵、苦苦菜、拳芽;还有一种叫老鸦蒜的,煮熟了,装在笼里五天五夜在泉里泡,等水拔去涩麻,吃起来甜面面的,吃后却万不敢喝生水,几天里拉屎也不成个形状。

好容易熬到要分麦了,一决算,我们家欠队里五十多元粮钱,必须限期交上,否则就不分粮。在以前父亲有工资的时候,我们家季季的粮钱,都是本家子或者四邻争着让从他们的余粮钱中抵除,因为这笔钱不久父亲就可以还清的,又常常还得比原账多那么几元,这样,一可以有利可沾,二又落了人情。现在,娘去求好几户本家子,他们都借故急着用钱而拒绝抵除了。这使我们受到了最沉重的打击和侮辱,眼看着旁人一担一担往家里挑分得的新麦,父亲和娘急得满口火泡,没个办法。

在这短短的十多天里,我一下子懂了好多事,知道了什么是人情世故,什么是世态炎凉。悲愤之际,就爬在楼上,学着鲁迅杂文的笔法,记我心中的怨情。这便是我第一次进行的创作,每次写完,常要掩了门,大声念着。父亲回来,在门外还以为我在家和谁骂仗呢,当发现了我写的东西后,就一把夺过去塞在炕洞里烧了。

"你寻着死吗?这文章敢让外人知道吗?世事就是这样,你知道就行了,孩子。文章倒写得不错,怎么就那么多错别字,'卑鄙'的'鄙'字哪是'批'字呢?!"

他蹴在地上,用指头在地上更正着。

"你以前那么待他们,现在就落这么个好报吗?世上的人都是这么瞅红灭黑,等我长大挣了钱了,我宁肯撂到河里,也不肯给这些人一分一厘了!"

"胡说!世上好人仍是多着哩,他们总没有把我当四类分子看待,动不动去批斗吧?不借给咱钱,他们也是没多余的嘛。出去再不要忌恨人家,咱慢慢再想办法吧。"

父亲的话是对的,果然过了几天,父亲的一些学生从外地回来,给我们援助了一笔钱。饥了给一口,强似饱了给一斗。这事使一家人感激涕零,也使我的世界观得到了改变:世上毕竟是有着好人啊!

粮食艰难地背回来,一家人心都盛盛的,决心要自强不息,把这个家支撑好,再不要被外人笑话。家里从此再没有吵声和哭声,父亲和娘天天出工,我和弟弟上山采药,下河捉鳖,和泥做坯,凡是能卖钱的活计,我们都去干。那几个冬天里,我们从不穿袜子,草鞋也是自己编。穷困的日子,倒使我们身骨一天一天硬棒起来,能挖能锄,能担能挑,我们的工分增加到八分了。

最难忘的是我们去南山打柴。半夜里,娘就起来将早饭做好了,几乎总是糊涂,我和弟弟站在厨房里吃,娘就一直坐在灶口下看着我们,千声万声地叮咛着上山脚下要留神,过河求大人拉上,不要背得过重。我们吃上两碗,一定让她吃些,她总是不肯,让得紧了,就生了气,反身进小房去睡了。我们便又端上两碗到小房去,让父亲也吃一碗。父亲坐起来,接过了碗,却硬将睡梦中的小妹拉起来,让她吃。吃罢饭,带上红薯干粮,我们赶天亮到了山上,限吃中午饭就可以背六十多斤柴火回来。有一个冬天,山上冰雪很厚,我们将背篓和干粮放在一块大石旁边,在草鞋底上又缠了好多葛条就爬到山顶去。等把柴砍好了,扎成捆从山上推下来,却发现老鸦将干粮吃光了。我们坐在石头上哭一阵,骂一阵,末了还是背了柴火往回走,又饥又饿,过一条河上的列石时,一脚未踏稳,栽倒在河里,等爬起来,额上碰了一个洞,血流不止。忙用小便涂在伤口,又嚼了一把莨莨草敷在上面,血是止住了,但天晕地转立不起身子,就睡倒在一面大青石板上。消息传回去,父亲那天又不在家,娘吓得呜呜哭,忙跑来接我,一直到了天黑严了,我们才回到了家。

从那以后,娘就不让我上山去打柴了,她每天天不明起来,就抱了扫帚去河堤上扫落叶,麦秋二季,又是一夜一夜去田地里拔麦根和稻草根,院子里就堆起老大老大一个柴积子。再就是一心饲养猪,猪成了家里经济收入的唯一希望。但因为没有粮食喂,一天三顿的野草,猪架子倒很大,却上不了膘,一身的红绒毛不退。娘信迷信,以为是猪圈庄子地界不好,催着我们倒换了几处,但那猪的脊梁依然如刀子一般。

到了古历年前,全家吃的、喝的、花的、用的,就全计算在猪的身上,我们拉着到商洛镇、县城两处收购站去交售,却都嫌瘦不收。眼看着别人家都办年货,我们的猪还养在圈里,后来听说二十里外的邻县夜村镇上猪收得粗,父亲就提出拉猪去试试。天明起来,我们给猪喂了一顿熟红薯,吃得像打了气一般的圆,就冒雨用架子车拉着上了路。父亲说:"今日把猪交了,咱们好好进一次馆子,你们想吃些什么?"

我说"油糕",弟弟说"荤面",两个人竟争起来动了手脚。父亲说:"好了,好了,谁要吃啥就买啥;再闹,你们就不要去了!"

中午赶到夜村镇上,交售猪的队很长,好容易快排到我们跟前了,猪却又拉又尿,急得我和弟弟就不停地踢猪的屁股:这一拉一尿就要少多少斤数啊!开始验收了,收购员捏捏猪的脊背,摸摸猪的肚子,叫道:"不够格!"

将猪一脚蹬出来,猪一下子乱跑起来,我和弟弟忙去拉,结果连人带猪跌倒在路边的污水沟里。父亲一脸苦笑,上去说:"你看能不能交个五等?"

"六等也不要!"

"你抬抬手收下吧,我们靠这猪过年呀。"

"那你就在年这边不要过嘛!"

父亲受了一通奚落,痴在那里,末了就蹴下去,抱了头呆呆了好长时间;后来走回来,说声"回吧",我和弟弟就都哭了。

回来的一路上,我们没有说一句话,路过饭馆,赶忙就走过去了。一到家,猪一放进圈里,我就拿竹竿狠命地抽打了一顿,把竹竿都打折了。

结果,猪在第三天的集市上卖给私人了,一共是三十六元钱,重新抱了一个小猪,花去十元钱,余下的钱就买了些苞谷,打了二斤油,称了五斤肉。谁也没有想到,父亲竟又买了一张红纸,让我写副对联贴在门框上,我问他写些什么,他说:"写毛主席诗词吧:'风雨送春归,飞雪迎春到。'"

到了二月,受饥荒的时期又来了,我们开始分散人口:娘带着小妹到姨家去,弟弟到舅家去,我和父亲守在家里看门。夜里不吃晚饭,父亲说:"睡吧,睡着就不饥了。"

睡一会儿却都坐起来,就在那小油灯下,他拿一本书,我拿一本书,一直看到半夜。

我终于没有在那个困难时期沉沦下去,反倒更加懂事,过早地成熟了。如今还能搞点文学,我真还感激那些日月的磨炼;有人讲作家的早年准备和先决条件,对于我来说,就是受人白眼,受人下贱所赐予的天赋吧。

文章变铅字的时候

八年前,我在大学,发疯似的写着各类形式的文艺作品,夜夜像鸡下蛋一样,焦躁不安地在床上构思。但是稿件源源不断地寄到编辑部,却源源不断地从编辑部退回来了。我恨我无能,更羞于同学们的嘲笑,我不得不给编辑部写信说:稿件不用,就不要退稿了。但我还是要写,我还在写,为了刺激自己,每写成一篇,就去校外的饭馆吃一顿有肉菜的米饭,虽然那时很穷,身上从未有过上一元钱的。

我终有一篇文章变铅字了!那时候,已是我学创作一年之后的一九七三年的六月。那天,我正在学校挖防空洞,刚刚从地道里出来,一位老师说:"你给《群众艺术》写过稿吗?""没有。"我看着身边的同学,脸红了。"你哄老师了!《一双袜子》是你写的吗?""这,这……"我是有这么一篇故事稿寄给《群众艺术》杂志的。"贾平凹!编辑部来了人,在系办公室,要见见你哩!""真的?"我看着老师,看出了他脸上的真情,就"噢"的一声,飞跑而去了。我跑得很快,口里大叫着的,我不知道我是怎样跑过了操场,跑过了马路,跑上了六十个楼梯台阶之上的系办公室:我完全像一头麝鹿,为我的香气而发狂了!我站在系办公室门口,我却慌惑了,我不敢去敲门,不知道那是一位什么人,要说些什么,我拍打着浑身的土,拢着头发,害羞得站在走廊里,把发烫的脸贴着墙壁……但门拉开了,走出一个文文雅雅的人来。"你是?""我姓贾。""平凹吗?""嘿嘿。"此后,我被牵了进去,我一切都迷糊了,谈了些什么,全然不晓得了,只记得那时很热,汗擦不及,手脚没处去放。

　　夜里,我失眠了,想,我还行呢,行呢!我恨不得让所有的同学都知道这事,但我又决定,不告诉任何人。我开始构思我的另一篇故事了!从此,我十分注意起《群众艺术》了,整天翻着报纸,查看它的下一月的目录发了没有?但是,第七期目录发了,却没有我的《一双袜子》!我去编辑部查问,回答是:推迟发在八月号了。"哦!"我松了口气,颤巍巍地递上了第二篇故事稿。

　　过了十天,我又去编辑部了,编辑同志向我祝贺,说第二篇故事稿写得不错,已决定在九月号发表。我激动得几乎要流眼泪了,一出编辑部大门,就直奔街道饭店去了,我掏光了身上仅有的五角五分钱,买了一盘炒肉片吃了。

　　八月号刊物出版了,我是去编辑部拿的样本,边走边看,一遍又一遍,末了,还对着太阳耀着看了一会儿。那天太阳很好,街上行人很多,都是笑笑的,我只是想跑,想唱,甚至想像毛驴一样就地打个滚儿。

九月号,我的第二篇故事又出版了,我就觉得我真能写了呢。我相信了我自己,越发发疯似的写下来了。

我写到了今日,已出版了和即将出版的有五本书册,但我常常想起我的《一双袜子》,虽然它只是一个故事,已经不被人理会了,但我怀念它,怀念那时的一片真情。

我的台阶和台阶上的我

在我的书架上写有四个字：穷极物理。因为我无所知，所以我无所不欲知。一到夜里，躺在床上就习惯于琢磨，琢磨世上的事，琢磨别人，也琢磨我自己。自己亲近自己太易，自己琢磨自己太难。我说不清我是个什么样的人物：得意时最轻狂，悲观时最消沉，往往无缘无故地就忧郁起来了；见人遇事自惭形秽的多，背过身后想入非非的亦多；自我感觉偶尔实在良好，视天下悠悠万事唯我为大，偶尔一塌糊涂，自卑自弃，二天羞愧不想走出门去。甚至梦里曾去犯罪：偷盗过，杀人过，流氓过，但犯罪皆又不彻底，伴随而来的是忏悔，自恨；这种自我的心理折磨竟要一直影响到第二天的情绪。

我说，我是一个好人，也是一个坏人，是坏好人。

现在农历二月二的惊雷快要响了。一声惊蛰之后，我就是三十一了。讲经的人说：人死后是可以上天国的。如果确实有那么一个天国，人的一生是从诞生的时辰就开始这种长涉的吧？去天国的路应该是太阳的光线,那就是极陡极峭的了。一年一岁,便是一个台阶啊!

一位伟人又说了:作为一个作家,将来去了天国,上帝是会请吃糖果的。天国里有什么好景,自不可知,但糖果是诱人的。十三年前的那阵,这诱惑便袭上我的心灵。于是从那时起,对于我来说,人生的台阶就是文学的台阶,文学的台阶也就是人生的台阶了。

一九七一年

我是个农民,穿着一件父亲穿旧了的长过膝盖的中山装,样子很可笑。因为我口笨,说不了来回话,体力又小,没有几个村人喜欢和我一块干活。我总是在妇女窝里劳动的,但妇女们一天的工值是八分,我则只有三分。半年后我被提升了,工分多加了五厘。我去砍柴,一程三十里地,我只能背五十斤。滚坡过一次,只说粉身碎骨了,偏大崖上三棵桦树拉住了我;独独的三棵桦树啊,我又活在了人间。邻居一位婶娘讥笑我不如人,我指着门前公路上一位妇女骑自行车,反诘道:"人家女人能骑自行车,你行吗?"

同伴们都开始定媳妇了,我没有。娘很急,四处托媒,我倒火了,将李太白的诗写在山墙上:"天生我材必有用"。

公社兴修一座大水库,我跑去了,干了三天,我拉不动车子,也抡不了大锤,被开销了。过不久又去,毛遂自荐会写毛笔字,可以刷标语,于是大获成功!后来竟成"工地战报"的主编、编辑、记者,刻写、油印、发行、广播,集七职于一身,日子很清苦,工地偶尔改善生活,吃一次肉,每人三片;我吃一片,两片用蓖麻叶包了,夜里跑十里山路回去让娘吃。

为了活跃战报的版面,我学会写各类字体,学会绘画插图,学着写诗。有一首诗反应不错,有人鼓动让投寄省报去,说发表了可以得稿费。我心动了,誊抄清楚,赶回家去邮寄,但没有钱买邮票。向娘要,娘不给。我说:"借八分钱,过十天了,一定还五角!"稿子投去后,从第二天起,就留心省报。一天过去,五天过去,乡邮员一到工地,迎接的就是我。我把报纸从头至尾翻看,寻我的诗作,但是没有。就盼着明天的报,明天又盼着后天的报,如此半月过去,泥牛入海,毫无消息。忍不住问一位老大学生,他大笑,说:"编辑早把你的稿子揩了屁股了!"我失望了,再也不敢做投稿的事;欠娘的钱,娘忘了,我也装着忘了。

一九七二年

五月份,偶然的机会,我竟到西北大学读书了。

从山沟走到西安,一看见高大的金碧辉煌的钟楼,我几乎要吓昏了。街道这么宽,车子那么密,我不敢过马路。打问路程,竟无人理睬。草绳捆一床印花被子,老是往下坠。我沿着墙根走,心里又激动,又恐慌。坐电车,将一顶草帽丢失了。去商店,看见了香肠,不知道那是什么,问服务员,遭到哄堂大笑。我找不着厕所,急得变脸失色,竟大了胆儿走进一个单位的楼上,看见"男厕所"字样,进去,却见一排如柜一样的摆设,慌忙退出来;见有人也进去了,系着裤带走出来,便疑惑地又进去。水火无情,逼得我一拉那柜的门儿,才发现里边正是大便池子。

到了学校,第一次不睡土炕,总不踏实,老听见远处的火车声叫。真想娘,眼泪哗哗地流下来。

老师要求每一个新生写一篇入校感想,不知怎么,我突然想做一首诗,结果写得很长。交上去,三天后,第十期校刊出版了,上边尽是教师们的诗文,作为学生的,仅仅是我那一首诗。消息不胫而走,我成了同学们中的新闻人物。我走路还是老低着头,但后腰骨硬硬的。心里说:西安有什么了不起呢?诗这玩意儿挺好弄嘛!当年想当作家、诗人的梦,又死灰复燃了。

到城里的大街上去,风度翩翩的城市人乜视着我,我也回报着乜视,默默地背诵着五八年的一首民歌:"天上没有玉皇,地上没有龙王,喝令三山五岳开道,我来了!"

一九七三年

我几乎天天在做诗了,夜夜像初下蛋的母鸡,烦躁不安地在床上构思;天明起来,一坐在被窝上就拿笔记下偶尔得到的佳句。一天总会有一首诗、两首诗出来,同学们都叫我"小诗人"。

　　在校刊上连续又发表了几首,我便有些不满足了,想冲出校门,杀到西安市去。我得空就往市里的一家报社和一家刊物的编辑部跑动了。我没有钱去坐车,我有两条能跑的腿。常常就误了吃饭。编辑部的大门,我看做如阎罗殿一般森严。去了,却总在门口徘徊许久,紧张得手心直冒汗,在编辑面前,人家不让坐,我是不敢坐的。他们的每一句话,我只是往心上记。我认识了两位编辑,脸色不好看,言辞又都生硬,但皆诚挚,每每看过我的习作,劈头盖脸砸一通后,又说比前一篇强了,要我再写,又提供一些书目去读。我太感激他们了。源源不断地将稿子送给他们,他们又源源不断地退还给我。半年多过去了,我写了十几万字的小说、散文、故事、诗歌,竟没有一个变成铅字。但我感觉良好,总相信我还能写。每写出一篇,为了刺激鼓励,我就偷偷一个人到校外食堂去,买四两面条,或是两个馍,一碗鸡蛋汤,慰劳一番。

　　我四处求教。但凡在文学上有一字指点,便甘心三生报恩不忘。有一次,同一位同学骑自行车去找一个诗人指导诗文。边骑边讨论,车过十字路口,竟忘了躲避交警,结果连人带车扣住,挨了一顿辱骂,两拳击打。要么罚款十五元,要么没收自行车。我俩眼泪汪汪。十五元谈何容易?自行车又是借来的!雪地里仰天长叹。无奈,去商店讨了一张包装纸,买了一支铅笔,又买了一把七分钱小刀削了,趴在马路上写检讨,把罪恶的帽子全部戴在头上,把最求饶的语言全部连接。五个小时后,终于感动了上帝,自行车要回来了。诗文没有得到指点,但从此知道了"无产阶级专政"的厉害。至今骑车上街,一到十字路口,老远就下来推着走了。

一九七四年

就在我完全没有希望的时候,我的第一次真正的创作,一篇两千字的散文,在《西安日报》上发表了。

这天是星期天,我抱着几件旧衣服到城中一家小店里去缝补。缝补的价钱很高,那个红鼻子的老头惹我生了一肚子气。路过市邮政大楼前,那里有一个卖报的小摊,无意儿朝报摊上瞥了一眼,那报纸上显赫地有一行大字:《深深的脚印》。我立即目光直了,跳将近去,果然看见了铅字打出的我的名字。我锐声叫了一下,四周的人都看我,我自知失态,面烧如炭,赶忙逃走了。逃走得当然不很远,等四周的人散去,就想立即去购得十张二十张。但摸摸口袋,仅剩二角钱。我故意慢腾腾地满不在乎地重新走近报摊,说:"买十张!""十张?"卖报人戴着眼镜,镜片一圈一圈像烧酒瓶底,看了我一会,说,"你这中学生,买那么多干啥? 包辣面吗?"我很窘,想说:"谁是中学生,这上边的文章就是我写的呢!"但我不好意思说出来。卖报人只卖给一张,声称不要糟蹋了新报。我只好买了一张。

当天夜里,我给父亲写了一封信,告诉了这一重大喜讯。信上说:"我开始有了脚印了!"但这张报纸我没有给父亲寄,因为报社赠我的样报还未收到,我要留着每天晚上温习一遍呢。

一九七五年

我写得越多,我越不是个好学生,班干部常常来提醒我"只专不红"的危险。一次一次写入党申请书,一次一次当班上宣布:党员留下,我便起身走了。我仅仅是一个团员,当同学提议让我作为团小组长的候选人时,有人就训起提名人:"你怎么能提到他?!"我那时很苦闷,恨自己不会找领导"谈心",恨自己能写诗文而写的大批判文章总是不能让人家满意。有一位干部让我猜一条谜语:"晚上不睡觉,早上不起来,起来不吃饭,就往教室跑。"说是打一人,问我是谁? 我说:"我。"说完一个人跑到阅览室后的花园里,委屈地抹了一把眼泪。

我很想喝酒,没有钱。学会了吸烟;九分钱一包的"羊群"烟,每天规定根数来吸。那时正与一同学合作写一部抒情长诗,写得疲倦,掏烟来吸,竟遭到有钱抽"大前门"的学生的斥责,嫌其劣等烟草呛人。

诗写成功了,与别人的长诗合在一起出了书。我和我的合作者特意各筹集了二元五角,进城玩了一天,照了四寸纪念相,逛了一次公园,下了一顿饭馆,又买了一包高级烟,给那位斥责我们的同学敬了一根,说声"谢谢"。但是,当我们去一家小书店购买十本我们的书时,时髦的女售货员总是不理睬我们。这是个胖脸的女子,脸上白粉很重,眉毛也涂白了。我们喊她喊得紧了,她说:"那是诗!看得懂吗?看了就不许退!"热热的心被一盆水泼凉了。我们说:"就要那本书!"傲慢的女子在我们拿书走出门时,还在奚落:"什么人也买诗集?!"我说:"哼,这书就是我写的呢!等着瞧吧,说不定将来你会给我写求爱信呢!"这话是我走出书店三千米远的一个拐角说的。两年后,觉得这种话虽然她没有听到,但实在太粗野,想去对她忏悔一下,但去过两次,却再找不见她了。

一九七六年

一条破被子,一件小褥子,一条床单,一块塑料皮,伴随了我三年大学生活。冬天的夜里很冷,就借同学们的大衣覆盖,一到下雪天,大衣借不到,夜夜只好蜷着。我至今笑着对一些朋友说:现在个儿不高,全是那时睡觉伸不直所致。夏天,一宿舍六人,五人有蚊帐,我没有;蚊子全集中到我身上,可幸那时比现在胖,有的是喂蚊子的血;只是那时还支援越南,要求学生献血,我被抽去300CC,补养费二十元,我舍不得去吃喝,全买了书。身子从此垮下来,以致到今日面如黑漆,形如饿鬼。

好了,总算毕业了。按条件,我是该回山区去教学,但省出版社的同志却硬要了我去。我摇身成了一位编辑,分住在五楼的一个六平方米的斗室里。

一九七七年

我自由了,可以尽情地抽劣等烟了,可以彻夜不熄灯地看书写作了,可以不发愁没稿纸了,可以不再四处搜寻牛皮纸糊寄稿信封了。房子很乱,到处都是书、纸,谁也不来敲我的门。我一进去,就进入了创作的境界,我什么也不担心,只担心发生火灾。有人要和我换房,我拒绝了,因为我没有手表,但隔窗就一眼能看清报话大楼上的大钟表,还能看见城市的日出。单位人讥笑这六平方米是个鸡窝,我却写了三个字贴在门框上:凤凰阁。

快活的日子没有多久,我便陷于极端的愁苦之中。社会上的复复杂杂,单位上的是是非非,工作上的绊绊磕磕,爱情上的纠纠缠缠,我才知道了一个山地儿子的单纯,一个才走出校门的学生的幼稚。我一面读中外名著,一面读社会的大书。我开始否定了我那些声嘶力竭的诗作,否定了我一向自鸣得意的编故事的才能,我要写我熟悉的家乡的人和事,我要在创作中寻找我自己的路,提出的口号是:打出潼关去!

稿子向全国四面八方投寄,四面八方的退稿又涌回六平方米。我开始有些心冷,恨过自己命运,也恨过编辑,担心将来一事无成,反误了如今青春年华,夜里常常一个人伴着孤灯呆坐,但竟有这样的事发生:熬眼到了一点,困极了,只要说声睡,立即就睡着了;如果再坚持熬一会儿,熬迋了眼,反倒没瞌睡了。于是想:创作也是如此吗？就发奋起来，将所有的退稿信都贴在墙上，抬头低眼让我看到我自己的耻辱。退稿信真多，几乎一半竟是铅印退稿条，有的编辑同志工作太忙了，铅印条子上连我的名字也未填。

水泥楼上没有大梁，要不，系一条绳，吊一个苦胆，我要学勾践了。

一九七八年

创作是没有格式的，但有其艺术的规律，总算摸出点门道了。原来创作之大门，未走进去的时候，门厚如城墙；一旦走进去，却薄如一张竹纸。稿子的采用率逐渐在提高。我着了魔似的写，先安徽，后上海，再北京，再广州，这些大地面我至今还未去过，大地面的大刊物却被我的稿件几进几出。

《满月儿》在京获奖，赴京的路上我激动得睡不着，吃不下。临走时我一连写就了七八封信给亲朋众友，全带着，准备领奖的那天从北京发出。但一到北京，座谈会上坐满了老作家，坐满了新作家，谈谈他们的作品，看看他们的尊容，我的嚣张之气顿然消失。唉，我有什么可自傲的呢？不到西安，不知道山外的世界大小，不到北京，不知道中国的文坛高低。七八封告捷的信我一把火烧了。

颁奖活动的七天里，我一语不发。我没什么可发的。夜里一个人在长安街头上走，冷风吹着，我只是走。自言自语我说了许多话，这话我是给我说的，我不想让任何人知道。所以，直到现在，请原谅我还是不能披露出来。

回到家,我把获奖证书扔给了妻子,告诉说:"请把它压在箱子底,永远不要让人看见!"

一九七九年

这一年,文坛上新人辈出,佳作不断。惊叹别人,对照自己,我又否定起我前一段的作品,那是太浅薄的玩意儿了。我大量地读书,尽一切机会到大自然中去,培养着作为一个作家的修养,训练着适应于我思想表达的艺术形式。我不停地试探角度,不断地变换方式,我出版了三本小书,却不愿意对人提起这些书名,不愿意出门见人,不愿意让外人知道我是谁。

从夏天起,病就常常上身,感冒几乎从没有停止,迟早的晚上鼻子总是不顺通。我警告着自己:笔不能停下来。当痔疮发炎的时候,我跪在椅子上写,趴在床上写;当妻子坐月子的时候,我坐在烘尿布的炉子边写。每写出一篇,我就大声朗读,狂得这是天下第一好文章。但过不了三天,便叹气了,视稿子如粪土一般塞在柜屉里。

冬天里,爱人调进了城,我的脾气却越来越暴躁了,动不动就发火,小两口常常闹气。每一次气都是我惹起来,每一次闹起来都以我失败告终。我知道这全是由我的创作不长进的烦恼所导致的,我恨死了我这个没出息的丈夫,一个孱头男人。

一九八〇年

沉沉闷闷的一年,像一堆湿柴火,没有生焰,只是冒烟。终于攻出了一批文章,外界的反应不错,增加了我的信心。比较起来,我有些得心应手了,而且习惯了一种战法:思考了什么,就写出一篇;写出一篇,就写出一批;一批写完,就重新开辟领地。评论家们对我的作品有了注意,评价文章骤然多了起来,似乎是有些小名气了呢。

我的得意劲儿又滋生了,耐不得寂寞,耐不得孤独,喜欢听好听的。

有了小名,有了小钱,小家庭也完满了,两本小书又编辑了,好一个"春风得意马蹄疾,一日看尽长安花"!

一九八一年

我什么都想写,顺心所欲。开始了学写中篇,开始了进攻散文,诗的兴趣也涨上来了。又爱起了书法、绘画、戏曲。又是没黑没明地干,又是洋洋得意地轻狂。

一九八二年

一批又一批作品的发表,我等待着它们的爆炸,等待着社会的赞美,但是,回答我的,却是评论家的批评。批评得多么严厉啊!随之,社会上对我的谣言四起,说我写得多,是掏钱雇佣了三四个人专门提供情节、细节呀,说我犯了大错误了,被开除了;甚至说我已被下放,赶出城去了。我懵了,不知所措,不知道该怎么办,路该如何走。一个人在没人处真想哭。

明月夜里,我坐在城北的铁道边,一趟又一趟听着火车的轰隆声。

半个多月,我不再写一个字。我得好好想想,再一次将所有的批评言论翻出来,一一思考。我慢慢冷静了,有则改之,无则加勉。我在日记中写道:平凹,你要是个没出息的,你就沉沦吧,一蹶不振吧。要是把文学当作一生的事业,就不必为一时的成功而得意,也不必为一时的挫折而气馁。铁锤砸碎的只能是玻璃,宝剑却得到了锻炼。

我总结着我的过去:生活积累还是不深,理论学习还是欠缺,艺术修养还是浅薄。

我请人画了一张达摩图,决心从头开始:深入生活,研究生活,潜心读书,寂寞写作。于是,拒绝参加一切出入头地的会,躲避去文学讲习班上作报告,推辞到一些报刊创作颁奖会上领奖。

一九八三年

思考仍在进行,创作仍在继续,作品仍有奖励的,也仍有争鸣的。

　　各级领导给我亲切的指导，众多的读者给我热切的鼓励。我脱离了编辑部，在家专职搞起创作。我有时间了，平心静气地去从事我的事业了。我出奇地变得豁达起来：有奖，我也去领；有批，我诚恳接受；该笑，就放声大笑；该检讨，就认真检讨。我对妻子说："现在，全家要保障我这个重点了！"出门十一次，除了去开一些必须开的会议外，大都下乡去了。当然，不可能一下子吃个胖子，不可能立即拿出像样的作品。我将我的创作视为试验，或许这个试验很长，很长，甚至是整个一生。但我在鼓励自己，写吧，好的作品还没有写出来，就看你的了！坚信只要我忠实于艺术，艺术必会有一天与我亲近的。

　　三十岁了，自立之年。生日那天，我请了一次客，说："朋友们，为了我的慢慢成熟，干杯吧！"我自己先喝醉了。

　　弹指十三年了，十三个台阶爬得我很累，妻子搬进城来，我先在西安北郊的静虚村居住，如今移到了城中的五味什字巷里。我构思了一幅画：我拽着碌碡在上台阶，我不敢松劲，一松劲，碌碡就滚下去了。可惜我画功太差，不能作出。我知道前面的台阶还很长，一级一级还很高。我体力不行，气喘得厉害，眼看着大队人马都从我身边一跃而上了，我只是揉腿，捶腰。但是，我的眼光在看着台阶，我说，要到天国去，要得到糖果，我的出路只有上台阶，只有沿着台阶往上走。夸父不到大海就渴死了，他死得悲壮。我或许在半路上也要倒下，但是即使倒下，我仍是一个上台阶的鬼。

我在房子里重新换上了一个镜框,上边写了日本电视剧《排球女将》的主角小鹿纯子的话:

"我的目标是——奥林匹克运动会!"

人和书都有自己的命运

《废都》1993年出版,2004年再版,一隔十二个春秋。人是有命运的,书也有着命运。十二年对于一本书或许微不足道,对于一个人却是个大数目,我明显地在老了。

关于这本书,别人对它所说的话太多了!出版的那一年,我能见到的评论册有十几本,加起来厚度超过了它四五倍,自后的十年里,评论的文章依然不绝,字数也近百万。而我从未对它说过一句话,我挑着的是担鸡蛋,集市上的人群都挤着来买,鸡蛋就被挤破了,一地的蛋清蛋黄。

今年今月今日今时,《废都》再版了,消息告诉给我的时候,我没有笑,也没有哭,我把我的一碗饭吃完。书房的西墙上挂着的"天再旦"条幅是我在新旧世纪交替的晚上写的,现在看着,看了许久。然后我寻我的笔,在纸上写:向中国致敬!向十二年致敬!向对《废都》说过各种各样话的人们致敬,你们的话或许如热夏或许如冷冬,但都说得好,若冬不冷夏不热,连五谷都不结的!也向那些盗版者致敬,十二年里我差不多在热衷地收集每年的各种盗版本,书架上已放着了五十个版本,他们使读者能持续地读了下来!

十二年前,《废都》脱稿的前后,我是独自借居在西北大学教工五号楼三单元五层的房间里,因为只有一张小桌和一个椅子,书稿就放在屋角的地板上。一天正洗衣服,突然停了水,恰好有人紧急通知去开个会,竟然忘了关水龙头就走。三个小时后,搭一辆出租车回来,司机认出了我,坚决不收车费,并把我一直送到楼下,刚一下车,楼道里流成了河,四楼的老太太大喊:你家漏水啦,把我家都淹啦!我蓦地记起没关水龙头,扑上楼去开门,床边的拖鞋已漂浮在门口。先去关水龙头,再抢救放在地板上的东西,纸盒子里的挂面泡涨了,那把古琴水进了琴壳,我心想完了完了,书稿完了,跑到屋角,书稿却好好的,水是离书稿仅一指远竟没有淹到!我连叫着:爷呀,爷呀!那位司机也是跟了我来帮忙清理水灾的,他简直是目瞪口呆,说:"水不淹书稿?!"我说:"可能是屋角地势高吧。"司机说:"这是地板,再高能高到哪儿去?"事后,我也觉得惊奇,不久四川一家杂志的编辑来约稿,我说起这件事,她让我写成小文章,要在他们杂志上发。但他们杂志在已排好了版后又抽下了,来信说怕犯错误,让我谅解。我怎能不谅解呢?也估摸这个小文章永远发表不了,索性连原稿也没有要回。一年后,我从那间房子里搬走了,但那间房子时时就在我梦里,水不淹书稿的事记得真真切切。

昨天,我和女儿又去了一趟西北大学,路过了那座楼。楼是旧了,周围的环境也面目全非。问起三单元五层房间的主人,旁人说你走后住了一个教授,那个教授也已搬走了,现在住的是另一个教授。但楼前的三棵槐树还在,三棵槐树几乎没长,树上落着一只鸟,鸟在唱着。我说:"唱得好!"女儿说:"你能听懂?"我说:"我也听不懂,但听着好听。"

秃　顶

脑袋上的毛如竹鞭乱窜，不是往上长就是往下长，所以秃顶的必然胡须旺。自从新中国的领袖不留胡须后，数十年间再不时兴美髯公，使剃须刀业和牙膏业发达，使香烟业更发达。但秃顶的人越来越多，那些治沙治荒的专家，可以使荒山野滩有了植被，偏偏无法在自己的秃顶上栽活一根发。头发和胡子的矛盾，是该长的不长，不该长的疯长，简直如"四人帮"时期的社会主义的苗和资本主义的草。

我在四年前是满头乌发，并不理会发对于人的重要，甚至感到麻烦，朋友常常要手插进我的发里，说摸一摸有没个鸟蛋。但那个夏天，我的头发开始脱落，早晨起来枕头上总要软软地粘着那么几根，还打趣说：昨儿夜里有女人到我枕上来了?! 直到后来洗头，水面上一漂一层，我就紧张了，忙着去看医生，忙着抹生发膏。不济事的。愈是紧张地忙着治，愈是脱落厉害，终于秃顶了。

我的秃顶不属于空前，也不属于绝后，是中间秃，秃到如一块溜冰场了,四周的发就发干发皱,像一圈铁丝网。而同时,胡须又黑又密又硬,一日不刮就面目全非,头成了脸,脸成了头。

一秃顶,脑袋上的风水就变了,别人看我不是先前的我,我也怯了交际活动,把他的,世界日趋沙漠化,沙漠化到我的头上了,我感到了非常自卑。从那时起,我开始仇恨狮子,喜欢起了帽子。但夏天戴帽子,欲盖弥彰,别人原本不注意到我的头偏就让人知道了我是秃顶,那些爱戏谑的朋友往往在人稠广众之中,年轻美貌的姑娘面前,说:"还有几根?能否送我一根,日后好拍卖啊!"脑袋不是屁股,可以有衣服包裹,可以有隐私,我索性丑陋就丑陋吧,出门赤着秃顶。没想无奈变成了率真和可爱,而人往往是以可爱才美丽起来,如此半年过去,我的秃顶已不成新闻,外人司空见惯,似乎觉得我原本就是秃了顶的,是理所当然该秃顶的。我呢,竟然又发现了秃顶还有秃顶的来由,秃顶还有秃顶的好处哩。

秃顶有秃顶的三大来由:

一、民间有理论:灵人不顶垂发。这理论必定是世世代代在大量的实情中总结出来的,那么,我就是聪明的了!

二、地质科学家讲:富矿的山上不长草。如此推断,我这颗脑袋已经不是普通的脑袋啊!

三、女人长发,发是雌性的象征。很久以来人类明显地有了雌化,秃顶正是对雌化的反动,该是上帝让肩负着雄的使命而来的。天降大任于我了,我不秃谁秃?!

秃顶有秃顶的十大好处:

一、省却洗理费。

二、没小辫子可抓。

三、能知冷知晒。

四、有虱子可以一眼看到。

五、随时准备上战场。

六、像佛陀一样慈悲为怀。

七、不被"削发为民"。

八、怒而不发冲冠。

九、长寿如龟。

十、不被误为发霉变坏。

现在,我常哼着的是一曲秃顶歌:秃,肉瘤,光溜溜,葫芦上釉,一根发没有,西瓜灯泡绣球,一轮明月照九州。我这么唱的时候,心里就想,天下事什么不可以干呢,哼,只要天上有月亮,我便能发出我的光来!

三月十五日,我和我的一大批秃顶朋友结队赤头上街,街上美女如云,差不多都惊羡起我们作为男人的成熟、自信,纷纷过来合影。合影是可以的,但秃顶男人的高贵在于这颗头是只许看而不许摸的!

在旧历壬午二月二十一日五十寿宴上的讲话

各位亲朋好友:

承蒙大家的深情厚谊,在今天从四面八方赶来和我欢聚在这里!

这一天,太阳在照耀着我们,春风在吹拂着我们,所有的树木绽芽,花草吐蕊,飞鸟和昆虫都一起欢叫和嘶鸣。菩萨与我们同在啊,因为今天也是普贤菩萨的生日,它让我们多么的安详和快活。上帝也来到了这里,赐给了我们丰盛的食物和醇美的醴酒。饭店门前是西安最大的街道,街道是城市的河流,车辆和人群日夜流淌,它正在象征着我们前进的事业,不竭的财富,活泼的生命精力,以及我们长远的友谊。

五十年前的二月二十一日,我降生于陕西南部的一个山村,从那时起,每日三餐都有地上的五谷杂粮喂养着我,我走到哪儿,天上的太阳和月亮都沐浴着我。十九岁我从乡下来到了西安,开始了我的学习、工作、写作和创业,我先后调换过四次部门,迁居过九次房子,也写下了五十多部书和数以千幅的字画,我做每一件事无不有各种神灵在点化、招引着我,无不有一拨一拨的同学同乡同行同志同道同仁帮助和呵护。社会历史的潮起潮落,世事人物的更新变幻,五十年了,我从少年青年到中年,从一个无知的乡下孩子到了今天有家有室有了事业。回首走过的一半人生,我有过胜利,也有过失败,得意过,也挫折过,欢笑过,也落泪过,享受了掌声和鲜花,同样享受了烦恼和诋毁。这半生是丰富的!我现在深深体会到在这个世界上作为人活着的美好。在此,我要向天地致谢,向各路神圣致谢,向父母致谢,是他们给了我的肉体和灵魂。我要向这个世界致谢,让我经历了沧桑,见多识广,增长了智慧。今天到这里来的,都是这几年来往亲密的,关系友好的,又容易赶来的各方面朋友,你们是我在这个城市生活中、工作中、从艺中所重要的所亲爱的,我向你们致谢。同时,我还要向那些在远方的,或不知道消息的,或因种种原因未能来的,可以说半生来与我有着各种关系的人们致谢。爱我的人和支持我的人,是在前边拉我,给我以滋润和鼓劲;恨我的人和反对我的人,是在后边推我,给我以清醒和督促,正是这正正反反两股力量的作用,成就着我这五十年。当然,我还要向先后伴随了我几十年的钢笔、油笔、毛笔致谢,它们转化了我的生命形态,使种子变成了大树,使蚕蛹变成了飞蛾。我最后要致谢的还有我的身体。致谢我的大脑,心脏,肝肺肠脾胃,四肢七窍,以及头发和牙齿,它们经受了病痛折磨,还仍在顽强地正常地工作。

二月二十一日，这一组数字是我的生命密码，我崇尚二二一，敬畏二二一，面对着二二一这一天，面对着到来的各位亲朋好友，面对着大的寿糕，我祈愿上苍神明，在后一半人生中请赐给我智慧和力量，自在和和平，使事业辉煌，身心快乐！我向各位请求，我热爱你们，你们也继续爱我，关怀永远，友谊长驻！

此致

敬礼！

五十大话

过了旧历二月二十一日,我今年是五十岁。到了五十,人便是大人,寿便是大寿,可以当众说些大话了。

差不多半个月的光景吧,我开始睡得不踏实:一到半夜四点就醒来,骨碌碌睁着眼睛睡不着,又突然地爱起了钱,我知道我是在老了。明显地腿沉,看东西离不开眼镜,每一颗槽牙都被补过窟窿,头发也秃掉一半。老了的身子如同陈年旧屋,椽头腐朽,四处漏雨。人在身体好的时候,身体和灵魂是统一的也可以说灵魂是安详的,从不理会身体的各个部位,等到灵魂清楚身体的各个部位,这些部位肯定是出了毛病,灵魂就与身体分裂,出现烦躁,时不时准备着离开了。我常常在爬楼时觉得,身子还在第八个梯台,灵魂已站在第十个梯台,甚至身子是坐在椅子上,能眼瞧着灵魂在房间里走来走去。曾经约过一些朋友去吃饭,席间有个漂亮的女人让我赏心悦目,可她一走近我,便"贾老贾老"地叫,气得我说:你要拒绝我是可以的,但你不能这样叫呀!我真是害怕身子太糟糕了，灵魂一离开就不再回来。往后再不敢熬夜了，即便是最好的朋友邀打麻将，说好放牌让我赢，也不去了。吃饭要讲究，胃虽然是有感情的，也不能只记着小时在乡下吃过的糊汤和捞面，要喝牛奶，让老婆煲乌鸡人参汤，再是吃海鲜和水果。听隔壁老田的话，早晨去跑步，倒退着跑步，还有，蹲厕所时不吸烟，闭上嘴不吭声，勤搓裆部，往热里搓，没事就拿舌头抵着牙根汪口水，汪有口水了，便咽下去。级别工资还能不能高不在意了，小心着不能让血压血脂高；业绩突出不突出已无所谓了，注意椎间盘的突出。当学生，能考上大学便是父母的孝顺孩子，现在自己把自己健康了，子女才会亲近。

二十岁时我从乡下来到了西安城里，一晃数十年就过去了，虽然总是还觉得从大学毕业是不久前的事情，事实是我的孩子也即将从大学毕业。人的一生到底能做些什么事情呢？当五十岁的时候，不，在四十岁之后，你会明白人的一生其实干不了几样事情，而且所干的事情都是在寻找自己的位置。造物主按照着世上的需要造物，物是不知道的，都以为自己是英雄，但是你是勺，无论怎样地盛水，勺是盛不过桶的。性格为生命密码排列了定数，所以性格的发展就是整个命运的轨迹。不晓得这一点，必然沦落成弱者。弱者是使强用狠，是残忍的，同样也是徒劳的。我终于晓得了，我就是强者，强者是温柔的，于是我很幸福地过我的日子。不再去提着烟酒到当官的门上蹭磨，或者抱上自己的书和字画求当官的斧正，当然，也不再动不动坐在家里骂官，官让干什么事偏不干。谄固可耻,傲亦非分,最好的还是萧然自远。别人说我好话,我感谢人家,必要自问我是不是有他说的那样?遇人轻我,肯定是我无可重处。不再会为文坛上的是是非非烦恼了。做车子的人盼别人富贵,做刀子的人盼别人伤害,这是技术本身的要求。若有诽谤和诋毁,全然是自己未成正果。一只兔子在前边跑,后边肯定有百人追逐,不是一只兔子可以分成百只,是因为这只兔子的名分不确定啊。在屋前种一片竹子不一定就清高,突然门前客人稀少,也不是远俗了。还是平平常常着好,春到了看花开,秋来了就扫叶。

　　大家都知道,我的病多,总是莫名其妙地这儿不舒服那儿不舒服。但病使我躲过了许多尴尬,比如有人问,你应该担任某某职务呀,或者说你怎么没有得奖呀和没有情人呀,我都回答:我有病!更重要的,病是生与死之间的一种微调,它让我懂得了生死的意义,像不停地上着哲学课。除了病多,再就是骂我的人多。我老不明白:我招谁惹谁了,为什么骂我?后来看到古人的一副对联,便会心而笑了。左联这么写:著书竟二十万言,才未尽也;得谤遍九州四海,名亦随之。我何不这样呢,声名既大,谤亦随焉,骂者越多,名更大哉。世上哪里仅是单纯的好事或坏事呢?我写文章,现在才知道文章该怎么写了,活人也能活得出个滋味了,所以我提醒自己:要会欣赏。鸟儿在树上叫着,鸟儿在说什么话呢?鸟的语言我是不懂的,我只觉得它叫得好听就是了,做一个倾听者。还有:多做好事,把做好事当作治病的良方;不再恨人,对待仇人应视为他是来督促自己成功者,对待朋友亦不能要求他像家人一样。

钱当然还是要爱的,如古人说的那样,"具大胸襟,爱小零钱"么。以文字立身,用字画养性,收藏古董让古董藏我,热爱女人为女人尊重。不浪费时间,不糟蹋粮食。到底还是一句老话:平生一片心,不因人热;文章千古事,聊以自娱。

喝　酒

我在城里工作后,父亲便没有来过,他从学校退休在家,一直照管着我的小女儿。从来我的作品没有给他寄过,姨前年来,问我是不是写过一个中篇,说父亲听别人说过,曾去县上几个书店、邮局跑了半天去买,但没有买到。我听了很伤感,以后写了东西,就寄他一份,他每每又寄还给我,上边用笔批了密密麻麻的字。给我的信上说,他很想来一趟,因为小女儿已经满地跑了,害怕离我们太久,将来会生疏的。但是,一年过去了,他却未来,只是每一月寄一张小女儿的照片,叮咛好好写作,说:"你正是干事的时候,就努力干吧,农民扬场趁风也要多扬几锨呢!但听说你喝酒厉害,这毛病要不得,我知道这全是我没给你树个好样子,我现在也不喝酒了。"接到信,我十分羞愧,便发誓再也不去喝酒,回信让他和小女儿一定来城里住,好好孝顺他老人家一些日子。

但是,没过多久,我惹出一些事来,我的作品在报刊上引起了争论。争论本是正常的事,复杂的社会上却有了不正常的看法,随即发展到作品之外的一些闹哄哄的什么风声雨声都有。我很苦恼,也更胆怯,像乡下人担了鸡蛋进城,人窝里前防后挡,唯恐被撞翻了担子。茫然中,便觉得不该让父亲来,但是,还未等我再回信,在一个雨天他却抱着孩子搭车来了。

老人显得很瘦,那双曾患过白内障的眼睛,越发比先前滞呆。一见面,我有点惶恐,他看了看我,就放下小女儿,指着我让叫爸爸。小女儿斜头看我,怯怯地刚走到我面前,突然转身又扑到父亲的怀里,父亲就笑了,说:"你瞧瞧,她真生疏了,我能不来吗?"

父亲住下了,我们睡在西边房子,他睡在东边房子。小女儿慢慢和我们亲热起来,但夜里却还是要父亲搂着去睡。我叮咛爱人,把什么也不要告诉父亲,一下班回来,就笑着和他说话,他也很高兴,总是说着小女儿的可爱,逗着小女儿做好多本事给我们看。一到晚上,家里来人很多,都来谈社会上的风言风语,谈报刊上连续发表批评我的文章,我就关了西边门,让他们小声点,父亲一进来,我们就住了口。可我心里毕竟是乱的,虽然总笑着脸和父亲说话,小女儿有些吵闹了,就忍不住斥责,又常常动手去打屁股。这时候,父亲就过来抱了孩子,说孩子太嫩,怎么能打,越打越会生分,哄着到东边房子去了。我独自坐一会儿,觉得自己不对,又不想给父亲解释,便过去看他们。一推门,父亲在那里悄悄流泪,赶忙装着眼花了,揉了揉,和我说话,我心里愈发难受了。

从此,我下班回来,父亲就让我和小女儿多玩一玩,说再过一些日子,他和孩子就该回去了。但是,夜里来的人很多,人一来,他就又抱了孩子到东边房子去了。这个星期天,一早起来,父亲就写了一个条子贴在门上:"今日人不在家",要一家人到郊外的田野里去逛逛。到了田野,他拉着小女儿跑,让叫我们爸爸,妈妈。后来,他说去给孩子买些糖果,就到远远的商店去了。好长的时候,他回来了,腰里鼓囊囊的,先掏出一包糖来,给了小女儿一把,剩下的交给我爱人,让她们到一边去玩。又让我坐下,在怀里掏着,是一瓶酒,还有一包酱羊肉。我很纳闷:父亲早已不喝酒了,又反对我喝酒,现在却怎么买了酒来?他使劲用牙启开了瓶盖,说:

"平儿,我们喝些酒吧,我有话要给你说呢。你一直在瞒着我,但我什么都知道了。我原本是不这么快来的,可我听人说你犯了错误了,不知道到底是什么情况,怕你没有经过事,才来看看你。报纸上的文章,我前天在街上的报栏里看到了,我觉得那没有多大的事。你太顺利了,不来几次挫折,你不会有大出息呢!当然,没事咱不寻事,出了事但不要怕事,别人怎么说,你心里要有个主见。人生是三节四节过的,哪能一直走平路?搞你们这行事,你才踏上步,你要安心当一生的事儿干了,就不要被一时的得所迷惑,也不要被一时的失所迷惘。这就是我给你说的,今日喝喝酒,把那些烦闷都解了去吧。来,你喝喝,我也要喝的。"

他先喝了一口,立即脸色通红,皮肉抽搐着,终于咽下了,嘴便张开往外哈着气。那不能喝酒却硬要喝的表情,使我手颤着接不住他递过来的酒瓶,眼泪唰唰地流下来了。

喝了半瓶酒,然后一家人在田野里尽情地玩着,一直到天黑才回去。父亲又住了几天,他带着小女儿便回乡下去了。但那半瓶酒,我再没有喝,放在书桌上,常常看着它,从此再没有了什么烦闷,也没有从此沉沦下去。

写给母亲

人活着的时候,只是事情多,不计较白天和黑夜。人一旦死了日子就堆起来:算一算,再有二十天,我妈就三周年了。

三年里,我一直有个奇怪的想法,就是觉得我妈没有死,而且还觉得我妈自己也不以为她就死了。常说人死如睡,可睡的人是知道要睡去,睡在了床上,却并不知道在什么时候睡着的呀。我妈跟我在西安生活了十四年,大病后医生认定她的各个器官已在衰竭,我才送她回棣花老家维持治疗。每日在老家挂上液体了,她也清楚每一瓶液体完了,儿女们会换上另一瓶液体的,所以便放心地闭了眼躺着。到了第三天的晚上,她是闭着的眼再没有睁开,但她肯定还是认为她在挂液体了,没有意识到从此再不醒来,因为她躺下时还让我妹把给她擦脸的毛巾洗一洗,梳子放在了枕边,系在裤带上的钥匙没有解,也没有交代任何后事啊。

三年以前我每打喷嚏,总要说一句:这是谁想我呀?我妈爱说笑,就接茬说:谁想哩,妈想哩!这三年里,我的喷嚏尤其多,往往错过吃饭时间,熬夜太久,就要打喷嚏,喷嚏一打,便想到我妈了,认定是我妈还在牵挂我哩。

我妈在牵挂着我,她并不以为她已经死了,我更是觉得我妈还在,尤其我一个人静静地待在家里,这种感觉就十分强烈。我常在写作时,突然能听到我妈在叫我,叫得很真切,一听到叫声我便习惯地朝右边扭过头去。从前我妈坐在右边那个房间的床头上,我一伏案写作,她就不再走动,也不出声,却要一眼一眼看着我,看得时间久了,她要叫我一声,然后说:世上的字你能写完吗,出去转转么。现在,每听到我妈叫我,我就放下笔走进那个房间,心想我妈从棣花来西安了?当然是房间里什么也没有,却要立上半天,自言自语我妈是来了又出门去街上给我买我爱吃的青辣子和萝卜了。或许,她在逗我,故意藏到挂在墙上的她那张照片里,我便给照片前的香炉里上香,要说上一句:我不累。

整整三年了,我给别人写过了十多篇文章,却始终没给我妈写过一个字,因为所有的母亲,儿女们都认为是伟大又善良,我不愿意重复这些词语。我妈是一位普通的妇女,缠过脚,没有文化,户籍还在乡下,但我妈对于我是那样的重要。已经很长时间了,虽然再不为她的病而提心吊胆了,可我出远门,再没有人啰啰唆唆地叮咛着这样叮咛着那样,我有了好吃的好喝的,也不知道该送给谁去。

在西安的家里,我妈住过的那个房间,我没有动一件家具,一切摆设还原模原样,而我再没有看见过我妈的身影。我一次又一次难受着又给自己说,我妈没有死,她是住回乡下老家了。今年的夏天太湿太热,每晚被湿热醒来,恍惚里还想着该给我妈的房间换个新空调了。待清醒过来,又宽慰着我妈在乡下的新住处里,应该是清凉的吧。

  三周年的日子一天天临近,乡下的风俗是要办一场仪式的,我准备着香烛花果,回一趟棣花了。但一回棣花,就要去坟上,现实告诉着我妈是死了,我在地上,她在地下,阴阳两隔,母子再也难以相见,顿时热泪肆流,长声哭泣啊。

第七辑

悼巴金

鲁郭茅巴老曹,我只见过巴金。现在巴金去世了,文学的一个时代结束了。

巴金说过:为什么需要文学?需要它来扫除我们心灵中的垃圾,需要它给我们带来希望,带来勇气,带来力量。这是巴金的文学观,他的作品无论二十世纪三四十年代的《家》《春》《秋》,还是七八十年代的《随想录》,一直在震撼着文坛,成为中国文学的一面旗帜。几代文学人都受到他的影响,我也是熟读他的作品走上文坛的。

古人有"游名山,读奇书,见伟人,以养浩然气"之说。一九九五年,我去了杭州,偶尔得知巴金在西湖边疗养,便想去看望他。但那时他说话已含糊,行动不便,一般不见人的,当我被允许后,我推着坐在轮椅上的巴金在园子里转了一圈,那天阳光非常好,满园子的绿树红花,我想,巴金属龙,我也属龙,他整整大我四轮,是爷爷一辈的,这个衰弱的老人,翻江倒海了一生,他是我的导师,我推动的是文学之车。

以后的这么多年,我们一直关注着巴金的身体,各种消息不断地从上海传来。我也曾被邀请去庆祝他百岁生日的集会,送上了"耸瞻震旦"的条幅。我之所以每写完一部长篇就交给《收获》发表,也都是因为巴金是《收获》的主编,虽然他已只是名誉主编,但他的文学精神依然是《收获》的灵魂。

巴金的人格非常高贵,他一生激情,坦率,真诚,善良,是他敢在八十年代初对历史回顾与反思,是他敢出面保护年轻的作家,是他建议和促成了中国现代文学馆建成,是他仍在建议建立"文革"博物馆。他是道德文章的典范,是当代文学的良心。

巴金现在大行而去,愿他的灵魂安息,他的精神会得以长传,中国文学也还将得到繁荣进步。

怀念杜鹏程

人的称谓有很奇怪的现象，有的人年轻着就被称呼老×，有的人岁数已经够大了还被称小×，有的人却从不被称老称小，直呼其名。第一次见到杜鹏程，我只是二十多岁，听别人都叫他老杜，我叫不出口，以致后来每每见他了，就嗤啦一笑而白搭话。他活着的时候，于我是一个晚辈面前的长者，我不敢叫他老杜，他现在去世了，成为一个时代的文学象征，我也便称他为老杜，如同莎士比亚为莎翁，称茅盾为茅公。

老杜的模样实在不像个作家，每一次文学界的会议，自然他是要坐主席台的，但他在那里坐不住，总是借解手的机会，下来就再不上去了。他眉毛很高，不是线状，粗短，如墨笔重点，不知怎么，我一见到他这眉毛，总觉得文曲星的眉毛就该是这样的呵。我不爱听他的大会讲话，没有条理，缺乏煽惑性。一位作者给我说，他曾见过老杜的写作，一只手拿着笔，一只手在抠脚丫子。别人信不信，我一直相信，因为有一次开会我与老杜坐在一起，就发现他把一只袜子穿反了,而且袜底扭扯到脚面。

一部《保卫延安》,使老杜成为神,也使老杜成为鬼。"文化大革命"中,他被拉在街头的高台上批斗,有人双脚蹦跳着把唾沫喷在他的脸上,骂他为彭德怀树碑立传。彭德怀平反了,成了一代英雄,老杜还是个作家老杜,得病住了医院,单位无钱付医疗费,医院就扣着他不让走。

在我的记忆里,老杜的家总是不断地搬迁,从未住过什么像样的房子。东木头市街住着的时候,我去过,房子窄而霉,后窗外有一棵什么树,离树不远是个公用厕所,臭气就一股一股飘进来。最惨的是"文革"中被赶出城去,有朋友告诉我,说他在火车站检票处碰着老杜,老杜一个裤腿高,一个裤腿低,用木棍儿挑着一个小箱子,箱子里装着他的书和《太平年月》的初稿。

论资历,老杜的资历很深,他没有从政,中国的官场上少了一个高级干部,当代文学史上却多了一位文豪。我没有见过老杜写作的情况,他的同辈人说他年轻时写作玩了命,常常带了馒头把自己关在小屋里,几日几夜不肯出来,他的每一部作品都是拿自己的健康和上帝交易,所以他不该老的时候老相就下来。他的文章几乎是改出来的,直到给出版社或杂志社交了稿,他还在不停修改,以致印刷厂的排字工烦他,害怕他,甚或提出过抗议。

他是二十八岁写了《保卫延安》的,我二十八岁时正是投稿又被退稿的时期。如果以得奖论作家,老杜极可能没有一次得奖,但老杜的作品已经辉煌了近半个世纪,而我们,获过了许多奖,作品又能存活几年呢？

有一年的冬天，老杜在雪地上走，穿得臃臃肿肿的，缩着头，袖了手，谁也不知道是他，他也不看行人，表情只是木木地只管走，我就想起我的故乡里那些老农。老杜的作品全靠激情推动，不热衷于小技巧，充盈着一股正气和大气，读他作品的感觉和他在雪地里行走的印象，使我好长时间里产生了一种想法：越是丰富越是朴素，优秀的作家没有作家气，大智慧的人是不精明的人。

与老杜十几年同生活在汉唐一路下来的西安城里，是我活人的一份荣耀。他是韩城人，我对韩城那块地方也倍感亲近，每到韩城，不由得就想起司马迁和他，司马迁是有庙堂的，老杜还没有个纪念馆。我曾在一些会上呼吁在西安修建石鲁、柳青、老杜的纪念馆和塑像，虽然未引起有关部门的重视，但我相信以后的人会这么干的。

老杜在晚年患有一种脚手颤抖的疾病，坐在那里无一刻安静，每次见到他了，我还未向他问候，他却总先问我的身体状况。一次吃饭，他怎么也夹不住菜，我把盘子拿过来拨菜在他碗里，他竟说了声谢谢，让我心里很难过。以后再见他，或者有他在的场面，我不能跑，不能跳着上台阶，如同我舅父患了食道癌后，我去舅父家从不愿端了碗在舅父面前狼吞虎咽。

老杜去世的时候，我是不在西安，事后去他那兼着卧室的书房里，看书架、茶几、台灯、笔筒一切都保持着原样，虽然明白人生自古谁不死，更明白一个伟大的人的灵魂是无来无往无生无灭的，但一想到再也见不上那活生生的血肉之躯的人，不禁潸然泪下。他的夫人与我在那里默坐许久，后来侧了头看起书桌，书桌上有一些灰尘，她走过去拿抹布擦了，还把案头已很整齐的书籍整理了一下，便立在那里，突然地又说，"下雨了"。说着这话，她的眼睛一直在盯着桌前的木椅，我的感觉里她这是在对丈夫说的，她一定觉得他还是坐在那里写作，转身捡了那件衫子要给他披的，清醒过来，还是去把开着的一扇窗子关上了。窗外确实是在下雨，雨细如愁。

转眼又将是一年，如果黄土地上还没有关于老杜的石刻的墓碑，我们就在心上刻下：人类的天才并不是很多的，对老杜这样的作家，历史是不会忘记的！

先生费秉勋

当我二十出头时认识了费秉勋先生,命运就决定了今生对他的追随。他那时是陕西唯一的一家杂志编辑,我拿着文稿去请教他,就站在他的办公桌前,不敢坐,紧张得手心出汗。第一篇稿发表了,接着发表了第二篇,第三篇,从此文学的自信在心中降生,随之有了豪华的志向。就这样我们成了师生和同志。将近三十年的岁月中,他的工作有变,从编辑到了教授,不变的是他一直在从事文学的研究和评论,而我的任何文章他都读了,读了该要表示肯定意见的就坚定表示自己的意见,不管在什么时候和场合,该要批评的就放开批评,不管别人怎么说和我能不能接受。他的口才不好,说话时脸无表情,只低着头说他的。

他是一个有独立思考的非常固执的人,如果指望他去通融什么,或求他办什么事,那永远是泥牛入海,初识的人都觉得他冷漠,是书呆子,但长久地相处,他的原则性,不附和性,率直和善良,以及他的死板和吝啬,使他的人格有了诱人的魅力。

他的学问相当丰富,任何事情只要来了兴趣,他都能钻进去,这一点给我的影响十分大。每一个夏天,他避暑的最好办法就是把自己关在书房写专著,并不止一次传授这种秘密。他的有关舞蹈研究的专著,关于绘画的一系列文章,研究《易经》的七八本书,以及学琴,学电脑,都是在三伏天完成的。立即能安静下来,沉下心去,这是他异于他人之处,不人云亦云,坚持自己的思考,独立特行,是他学问成就的重要原因。

先生形状平实,有时显得呆头呆脑,所以常在陌生地的陌生人面前被忽略他的存在,但若熟知他的人,莫不尊重他的。大智若愚,他可以是一个典型的例子。六十岁后,他退休了,突然痴迷起了书法实践,他以前对书法艺术研究多多,但从未执笔弄墨过,实践开来,日日临帖读碑,二三年光景笔力老辣,有自家面目。我在许多人的厅室里都见过他的作品,令我惊叹不已。我常常想,他这一生在文学艺术领域里涉猎面这么广,且从事什么都成就非凡,从不守旧,求知欲强,以后谁又会知道他又要有什么作为呢?

他大我十多岁,我二十岁时称他为老师,终生都称他为老师。这不仅仅是一般的尊称,确确实实他是在为人为文上一直给我做着楷模,我时时对自己说,也当着别人的面说:永远向费先生学习。

孙犁论

读孙犁的文章，如读《石门铭》的书帖，其一笔一画，令人舒服，也能想见到书家书时的自在，是没有任何病疾的自在。好文章好在了不觉得它是文章，所以在孙犁那里难寻着技巧，也无法看到才华横溢处。《爨宝子》虽然也好，郑燮的六分半也好，但都好在奇与怪上，失之于清正。而世上最难得的就是清正。孙犁一生有野心，不在官场，也不往热闹地去，却没有仙风道骨气，还是一个儒，一个大儒。这样的一个人物，出现在时下的中国，尤其天津大码头上，真是不可思议。

数十年的文坛，题材在决定着作品的高低，过去是，现在变个法儿仍是，以此走红过许多人。孙犁的文章从来是能发表了就好，不在乎什么报刊和报刊的什么位置，他是什么都能写得，写出来的又都是文学。一生中凡是白纸上写出的黑字都敢堂而皇之地收在文集里，既不损其人亦不损其文，国中几个能如此？作品起码能活半个世纪的作家，才可以谈得上有创造，孙犁虽然未大红大紫过，作品却始终被人学习,且活到老,写到老,笔力未曾丝毫减弱,可见他创造的能量多大!

评论界素有"荷花淀派"之说,其实哪里有派而流?孙犁只是一个孙犁,孙犁是孤家寡人。他的模仿者纵然万千,但模仿者只看到他的风格,看不到他的风格是他生命的外化,只看到他的语言,看不到他的语言有他情操的内涵,便把清误认为了浅,把简误认为了少。因此,模仿他的人要么易成名而不成功,为一株未长大就结穗的麦子,麦穗只能有蝇头大,要么望洋生叹,半途改弦。天下的好文章不是谁要怎么就可以怎么的,除了有天才,有夙命,还得有深厚的修养,佛是修出来的,不是练出来的。常常有这样的情形,初学者都喜欢拥集孙门,学到一定水平了,就背弃其师,甚至生轻看之心,待最后有了一定成就,又不得不再来尊他。孙犁是最易让模仿者上当的作家,孙犁也是易被社会误解的作家。

孙犁不是个写史诗的人(文坛上常常把史诗作家看得过重,那怎么还有史学家呢?),但他的作品直逼心灵。到了晚年,他的文章越发老辣得没有几人能够匹敌。举一个例子,舞台上有人演诸葛,演得惟妙惟肖,可以称得"活诸葛",但"活诸葛"毕竟不是真正的诸葛。明白了要做"活诸葛"和诸葛本身就是诸葛的含义,也就明白了孙犁的道行和价值所在。

怀念路遥

时间真快,路遥已经去世十五年了。十五年里常常想起他。

想起在延川的一个山头上,他指着山下的县城说:"当年我穿着件破棉袄,但我在这里翻江倒海过,你信不!"我当然信的,听说过他还是少年时的一些事。他把一块石头使劲向沟里扔去,沟畔里一群鸟便轰然而起。想起在省作协换届时,票一投完,他在厕所里给我说:"好得很,咱要的就是咱俩的票比他们多!"他然后把尿尿得很高。想起他拉我去他家吃烩面片儿,他削土豆皮很狠,说:"我弄长篇呀,你给咱多弄些中篇,不信打不出潼关!"想起他从陕北写作回来,人瘦了一圈儿,我问写作咋样,他说:"这回吃了大苦咧,稿子一写完,你要抽好烟哩!"想起《平凡的世界》出版后一段时间受到冷落,他给我说:"狗日的,一满都不懂文学!"想起获奖回来,我向他祝贺,他说:"你猜我在台上想啥的?"我说:"想啥哩?"他说:"我把他们都踩在脚下了!"想起他几次要我调到省作协去,而我一直没去,当又到换届的时候,正是我在单位不顺心,在街上碰着他去购置呢绒大衣,我说了想去作协的想法,他却说:"西安那地盘你要给咱守住啊!"想想他受整时,我去看他,他说:"要整倒我的人还没有生下哩!"我生病住了院,他带着烟来看我,说:"该歇一歇了,你写那么多,还让别人活不活?!"想起他的虎背熊腰。想起他坐在省作协大院里那个破藤椅打盹的样子。想起他病了我去看他,他说:"这个病房好吧?省委常委会开了会让我住进来的。"想起他快不行了,我又去医院看他,他说:"等他出院了,你和我到陕北去,寻个山圪埪住下,咱一边放羊一边养身子。"

他是一个优秀的作家,他是一个出色的政治家,他是一个气势磅礴的人。但他是夸父,倒在干渴的路上。

他虽然去世了,他的作品仍然被读者捧读,他的故事依旧被传颂。

陕西的作家每每聚在一起,免不了发感慨:"如果路遥还活着不知现在是什么样子?"这谁也说不准。但肯定是他会写出更多更好的作品,他会干出许多令人佩服又咋舌的事来。

他是一个强人。强人的身上有他比一般人的优秀处,也有不被一般人理解之处。他大气,也霸道,他痛快豪爽,也使劲用狠,他让你尊敬也让你畏惧,他关心别人,却隐瞒自己的病情,他刚强自负不能容忍居于人后,但儿女情长感情脆弱内心寂寞。

陕西画界有人以为自己是石鲁,我听到石鲁的一个学生说:"他算什么呀,不要说石鲁的长处,他连石鲁的短处都学不来!"

路遥是一个有大抱负的人,文学或许还不是他人生的第一选择,但他干什么都会干成,他的文学就像火一样燃出炙人的灿烂的光焰。

现在,我们很少能看到有这样的人了。

有人说路遥是累死的,证据是他写过《早晨,从中午开始》的书。但路遥不是累死的,他昼伏夜出,是职业的习惯,也是一头猛兽的秉性。有人说路遥是穷死的,因为他死时还欠人万元,但那个年代都穷呀!而路遥在陕西作家里一直抽高档烟,喝咖啡,为给女儿吃西餐曾满城跑遍。

扼杀他的是遗传基因。在他死后,他的四个弟弟都患上了与他同样的肝硬化腹水病,而且又在几乎相同的年龄段,已去世了两个,另两个现正病得厉害。这是一个悲苦的家族!一个瓷杯和一个木杯在一做出来就决定了它的寿命长短,但也就在这种基因的命运下,路遥暂短的人生是光彩的,他是以人格和文格的奇特魅力而长寿的。

在陕西,有两个人会长久,那就是石鲁和路遥。

上帝的微笑

当我听到《白鹿原》获奖的消息,我为之长长吁了一口气。我想,仰天浩叹的一定不仅我一人,在这个冬天里,很多很多的人是望着月亮,望着那夜之眼的。

其实,在读者如我的心中,《白鹿原》五年前就获奖了。现今的获奖,带给我们的只是悲怆之喜,无声之笑。

可以设想,假如这次还没有获奖,假如永远不能获奖,假如没有方方面面的恭喜祝贺,情况又会怎样呢?但陈忠实依然是作家陈忠实,他依然在写作,《白鹿原》依然是优秀著作,读者依然在阅读。污泥里生长着的莲花是圣洁的莲花。

作品的意义并不在于获奖,就《白鹿原》而言,它的获奖重在给作家有限的生命中一次关于人格和文格的正名,从而供生存的空间得以扩大。外部世界对作家有这样那样的需要,但作家需要什么呢?作家的灵魂往往是伟大的,躯体却卑微,他需要活着,活着就得吃喝拉撒睡,就得米面油茶酱,当然,还需要一份尊严。

上帝终于向忠实发出了微笑,我们全都有了如莲的喜悦。

怀念陈忠实

面对着陈忠实的离去，作为同辈人，作为几十年的文友，到了这个年纪和这一时刻，我真切地感受到什么叫黯然神伤，什么叫无声哭泣。

他是关中的正大人物，文坛的扛鼎角色，在感念着他作为一个作家的丰功伟绩，我就想到一句词：水流原在海，月落不离天。

正如有哲人说过，在这个宇宙里，生命是不息的，当每一个人的一世进入其中，它就活在了整体，活在了无限，而不仅仅是一个家庭，一份工作，一份情感里。当任何一个人的去世，如果说是这个整体的一部分失去，是我们的一部分失去，但那仅仅是带走了一部分病毒、疼痛和恐惧，生命依然不息。

更何况陈忠实有他的《白鹿原》。

他依然在世间。

再忆陈忠实

人一过世,日子就堆积起来,老陈的离去竟然有一百天了。我们在这里追思他,纪念他,以朋友的名义,读者的名义,文学的名义。

凡是对国家,对人民有大作为、大贡献的人,我们都要纪念他,都要为他修一座庙的,老陈这座庙,虽然真砖真瓦的还没有,但是,它已建在我们的心里。

在中国的近代历史上,关中出了好多先贤,比如李仪祉、于右任、杨虎城,他们都是国之栋梁,民族精英。老陈的出现,使这一条清流延续,他七十四年是辉煌的,光荣的。

老陈是极其典型的中国传统的知识分子,中国传统知识分子讲究立德立言。他的立德,在于他有大政治的情怀,即爱国爱民,天下意识,信仰坚定,扶贫助弱,行为刚毅,敢思考,敢担当。每当读到张载的"为天地立心,为生民立命,为往圣继绝学,为万世开太平",我就想到老陈。张载和老陈都是关中人,他们配得上正大人物这种称号。他的立言,在于他终其一生都在宣传弘扬中国的文化,他的《白鹿原》就是一部文化的皇皇巨著。中国的文学史上必有它的浓笔重彩。正是他的立德立言,时代不会忘他,社会不会忘他,他的人格的和文字的魅力永在。

今天,在荞麦园美术博物馆,我们的省广播电视台明珠朗诵艺术团、竹韵诗社的朋友们,在这里以诗歌以朗诵来怀思纪念老陈,我向各位致以敬意和感谢。我知道你们自成立以来,举办的活动很多,产生的影响也非常大。我衷心祝各位在文学艺术的旗帜下保重身体,珍爱生命,更响亮地鲜艳地发挥你们的声音和颜色!

谢谢大家!

读张爱玲

先读的散文,一本《流言》,一本《张看》;书名就劈面惊艳。天下的文章谁敢这样起名,又能起出这样的名,恐怕只有个张爱玲。女人的散文现在是极其的多,细细密密的碎步儿如戏台上的旦角,性急的人看不得,喜欢的又有一班只看颜色的看客,噢儿噢儿叫好,且不论了那些油头粉面,单是正经的角儿,秦香莲、白素贞、七仙女……哪一个又能比得崔莺莺?张的散文短可以不足几百字,长则万言,你难以揣度她的那些怪念头从哪儿来的,连续性的感觉不停地闪,组成了石片在水面的一连串地漂过去,溅一连串的水花。一些很著名的散文家,也是这般贯通了天地,看似胡乱说,其实骨子里尽是道教的写法——散文家到了大家,往往文体不纯而类如杂说——但大多如在晴朗的日子,窗明几净,一边茗茶一边瞧着外边;总是隔了一层,有学者气或佛道气。张是一个俗女人的心性和口气,嘟嘟嘟地唠叨不已,又风趣,又刻薄,要离开又想听,是会说是非的女狐子。

看了张的散文,就寻张的小说,但到处寻不着。那一年到香港,什么书也没买,只买了她的几本,先看过一个长篇,有些失望,待看到《倾城之恋》《金锁记》《沉香屑》那一系列,中她的毒已经日深。——世上的毒品不一定就是鸦片,茶是毒品,酒是毒品,大凡嗜好上瘾的东西都是毒品。张的性情和素质,离我很远,明明知道读她只乱我心,但偏是要读。使我常常想起画家石鲁的故事。石鲁脑子病了的时候,几天里拒绝吃食,说:"门前的树只喝水,我也喝水!"古今中外的一些大作家,有的人的作品读得多了,可以探出其思维规律,循法可学,有的则不能,这就是真正的天才。张的天才是发展得最好者之一,洛水上的神女回眸一望,再看则是水波浩淼,鹤在云中就是鹤在云中,沈三白如何在烟雾里看蚊飞,那神气毕竟不同。我往往读她的一部书,读完了如逛大的园子,弄不清了从哪儿进门的,又如何穿径过桥走到这里?又像是醒来回忆梦,一部分清楚,一部分无法理会,恍恍惚惚。她明显地有曹雪的才情,又有现今人的思考,就和曹氏有了距离,她没有曹氏的气势,浑淳也不及沈从文,但她的作品的切入角度,行文的诡谲以及弥漫的一层神气,又是旁人无以类比。

　　天才的长处特长,短处极短,孔雀开屏最美丽的时候也暴露了屁股,何况张又是个执拗的人。时下的人,尤其是也稍要弄些文的人,已经有了毛病,读作品不是浸淫作品,不是学人家的精华,启迪自家的智慧,而是卖石灰就见不得卖面粉,还没看原著,只听别人说着好了,就来气,带气入读,就只有横挑鼻子竖挑眼。这无损于天才,却害了自家。张的书是可以收藏了常读的。

与许多人来谈张的作品,都感觉离我们很远,这不指所描叙的内容,而是那种才分如云,以为她是很古的人。当知道张现在还活着,还和我们同在一个时候,这多少让我们感到形秽和丧气。

《西厢记》上说:不会相思,学会相思,就害相思!《西厢记》上又说:好思量,不思量,怎不思量?嗨,与张爱玲同活在一个世上,也是幸运,有她的书读,这就够了!

哭三毛

三毛死了。我与三毛并不相识,但在将要相识的时候三毛死了。三毛托人带来口信嘱我寄几本我的新书给她。我刚刚将书寄去的时候,三毛死了。我邀请她来西安,陪她随心所欲地在黄土地上逛逛,信函她还未收到,三毛死了。三毛的死,对我是太突然了,我想三毛对于她的死也一定是突然,但是,就这么突然地将三毛死了,死了。

人活着是多么的不容易,人死灯灭却这样快捷吗?

三毛不是美女,一个高挑着身子,披着长发,携了书和笔漫游世界的形象,年轻的坚强而又孤独的三毛对于大陆年轻人的魅力,任何局外人作任何想象来估价都是不过分的。许多年里,到处逢人说三毛,我就是那其中的读者,艺术靠征服而存在,我企羡着三毛这位真正的作家。夜半的孤灯下,我常常翻开她的书,瞧着那一张似乎很苦的脸,作想她毕竟是海峡那边的女子,远在天边,我是无缘等待得到相识面谈的。可我怎么也没有想到,一九九〇年十二月十五日,我从乡下返回西安的当天,蓦然发现了《陕西日报》上署名孙聪先生的一篇《三毛谈陕西》的文章。三毛竟然来过陕西?我却一点不知道!将那文章读下去,文章的后半部分几乎全写到了我:三毛说,"我特别喜欢读陕西作家贾平凹的书。"她还专门告我普通话念凹为凹(āo),但我听北方人都念凹(wā),这样亲切,所以我一直也念平凹(wā)。她告诉我,"在台湾只看到了平凹的两本书,一本是《天狗》,一本是《浮躁》,我看第一篇时就非常喜欢,连看了三遍,每个标点我都研究,太有意思了,他用词很怪可很有味,每次看完我都要流泪。眼睛都要看瞎了。他写的商州人很好。这两本书我都快看烂了。你转告他,他的作品很深沉,我非常喜欢,今后有新书就寄我一本。我很崇拜他,他是当代最好的作家,当然这只是我个人的看法。他的书写得很好,看许多书都没像看他的书这样连看几遍,有空就看,有时我就看平凹的照片,研究他,他脑子里的东西太多了……大陆除了平凹的作品外,还爱读张贤亮和钟阿城的作品……"读罢这篇文章,我并不敢以三毛的评价而洋洋得意,但对于她一个台湾人,对于她一个声名远震的作家,我感动着她的真诚直率和坦荡,为能得到她的理解而高兴。也就在第二天,孙聪先生打问到了我的住址赶来,我才知道他是省电台的记者,于一九九〇年的十月在杭州花家山宾馆开会,偶尔在那里见到了三毛,这篇文章就是那次见面的谈话记录。孙聪先生详细地给我说了三毛让他带给我的话,说三毛到西安时很想找我,但又没有找,认为"从他的作品来看他很有意思,隔着山去看,他更有神秘感,如果见了面就没意思了,但我一定要拜访他"。说是明年或者后年,她要以私人的名义来西安,问我愿不愿给她借一辆旧自行车,陪她到商州走动。又说她在大陆几个城市寻我的别的作品,但没寻到,希望我寄她几本,她一定将书钱邮来。并开玩笑地对孙聪说:"我去找平凹,他的太太不会吃醋吧?会烧菜吗?"还送我一张名片,上边用钢笔写了:"平凹先生,您的忠实读者三毛。"于是,送走了孙聪,我便包扎了四本书去邮局,且复了信,说盼望她明年来西安,只要她肯冒险,不怕苦,不怕狼,能吃下粗饭,敢不卫生,我们就一块骑旧车子去一般人不去的地方逛逛,吃地方小吃,看地方戏曲,参加婚丧嫁娶的活动,了解社会最基层的人事。这书和信是十二月十六日寄走的。我等待着三毛的回音,等了二十天,我看到了报纸上的消息:三毛在两天前自杀身亡了。

三毛死了,死于自杀。她为什么自杀?是她完全理解了人生,我无法了解。作为一个热爱着她的读者,我无限悲痛。我遗憾的是我们刚刚要结识,她竟死了,我们之间相识的缘分只能是在这一种神秘的境界中吗?!

三毛死了,消息见报的当天下午,我收到了许多人给我的电话,第一句都是"你知道吗,三毛死了!"接着就沉默不语,然后差不多要说:"她是你的一位知音,她死了⋯⋯"这些人都是看到了《陕西日报》上的那篇文章而向我打电话的。以后的这些天,但凡见到熟人,都这么给我说三毛,似乎三毛真是我的什么亲戚关系而来安慰我。我真诚地感谢着这些热爱三毛的读者,我为他们来向我表达对三毛死的痛惜感到荣幸,但我,一个人静静地坐下来的时候就发呆,内心一片悲哀。我并没有见过三毛,几个晚上都似乎梦见到一个高高的披着长发的女人,醒来思忆着梦的境界,不禁就想到了那一幅《洛神图》古画。但有时硬是不相信三毛会死,或许一切都是讹传,说不定某一日三毛真的就再来到了西安。可是,可是,所有的报纸、广播都在报道三毛死了,在街上走,随时可听见有人在议论三毛的死,是的,她是真死了。我只好对着报纸上的消息思念这位天才的作家,默默地祝愿她的灵魂上天列入仙班。

  三毛是死了,不死的是她的书,是她的魅力。她以她的作品和她的人生创造着一个强刺激的三毛,强刺激的三毛的自杀更丰富着一个使人永远不能忘记的作家。

1991年1月7日

再哭三毛

　　我只说您永远也收不到我的那封信了,可怎么也没有想到您的信竟能邮来,就在您死后的第十一天里。今天的早晨,天格外冷,但太阳很红,我从医院看了病返回机关,同事们就叫着我叫喊:"三毛来信啦!三毛给你来信啦!"这是一批您的崇拜者,自您死后,他们一直浸沉于痛惜之中,这样的话我全然以为是一种幻想。但禁不住还在问:"是真的吗,你们怎么知道?"他们就告诉说俊芳十点钟收到的(俊芳是我的妻子,我们同在市文联工作),她一看到信来自台湾,地址最后署一个"陈"字,立即知道这是您的信就拆开了,她想看又不敢看,啊地叫了一下,眼泪先流下来了,大家全都双手抖动着读完了信,就让俊芳赶快去街上复印,以免将原件弄脏弄坏了。听了这话我就往俊芳的办公室跑,俊芳从街上还没有回来,我只急得在门口打转。十多分钟后她回来了,眼睛红红的,脸色铁青,一见我便哽咽起来:"她是收到您的信了……"

　　收到了,是收到了,三毛,您总算在临死之前接收了一个热爱着您的忠实读者的问候！可是,当我亲手捧着了您的信,我脑子里刹那间一片空白呀！清醒了过来,我感觉到是您来了,您就站在我的面前,您就充满在所有的空气里。

这信是您一月一日夜里二点写的,您说您"后天将住院开刀去了",据报上登载,您是三日入院的,那么您是以一九九○年最后的晚上算起的,四日的凌晨二点您就去世了。这封信您是什么时候发出的呢,是一九九一年的一月一日白天休息起来后,还是在三日的去医院的路上？这是您给我的第一封信,也是给我的最后一封信,更是您四十八年里最后的一次笔墨,您竟在临死的时候没有忘记给我回信,您一定是要惦念着这封信的,那亡魂会护送着这封信到西安来了吧！

前几天,我流着泪水写了《哭三毛》一文,后悔着我给您的信太迟,没能收到,我们只能是有一份在朦胧中结识的缘分。写好后停也没停就跑邮局,我把它寄给了上海的《文汇报》,因为我认识《文汇报》的肖宜先生,害怕投递别的报纸因不认识编辑而误了见报时间,不能及时将我对您的痛惜、思念和一份深深的挚爱献给您。可是昨日收到《文汇报》另一位朋友的谈及别的内容的信件,竟发现我寄肖宜先生的信址写错了,《文汇报》的新址是虎丘路,我写的是原址圆明园路。我好恨我自己呀,以为那悼文肖先生是收不到了,就是收到,也不知要转多少地方费多少天日,今日正考虑怎么个补救法,您的信竟来了,您并不是没有收到我的信,您是在收到了我的信后当晚就写回信来了！

读着您的信,我的心在痉挛着,一月一日那是怎样的长夜啊,万家灯火的台北,下着雨,您孤独地在您的房间,吃着止痛片给我写信,写那么长的信,我禁不住就又哭了。您是世界上最具真情的人,在您这封绝笔信里,一如您的那些要长存于世的作品一样至情至诚,令我揪心裂肠地感动。您虽然在谈着文学,谈着对我的作品的感觉,可我哪里敢受用了您的赞誉呢?我只能感激着您的理解,只能更以您的理解来激励我今后的创作。一遍又一遍读着您的来信,在那字里行间,在那字面背后,我是读懂了您的心态,您的人格,您的文学的追求和您的精神的大境界,是的,您是孤独的,一个真正天才的孤独啊!

现在,人们到处都在说着您,书店里您的书被抢购着,热爱着您的读者在以各种方式悼念您,哀思您,为您的死作着种种推测。可我在您的信里,看不到您在入院时有什么自杀的迹象,您说您"这一年来,内心积压着一种苦闷,它不来自我个人生活,而是因为认识了您的书本",又说您住院是害了"不大好的病"。但是,您知道自己害了"不大好的病",又能去医院动手术,可见您并没有对病产生绝望,倒自信四五个月就能恢复过来,详细地给了我通讯地址和电话号码,且说明五个月后来西安,一切都做了具体的安排,为什么偏偏在入院的当天夜里,敢就是四日的三点就死了呢?!三毛,我不明白,我到底是不明白啊!您的死,您是不情愿的,那么,是什么原因而死的呀,是如同写信时一样的疼痛在折磨您吗?是一时的感情所致吗?如果说这一切仅是一种孤独苦闷的精神基础上的刺激点,如果您的孤独苦闷在某种方面像您说的是"因为认识了您的书本",三毛,我完全理解作为一个天才的无法摆脱的孤独,可牵涉到我,我又该怎么对您说呢?我的那些书本能使您感动是您对我的偏爱而令我终生难忘,却更使我今生今世要怀上一份对您深深的内疚之痛啊!

这些天来,我一直处于恍惚之中,总觉得常常看到了您,又都形象模糊不清,走到什么地方凡是见到有女性的画片,不管是什么脸型的,似乎总觉得某一处像您,呆呆看一会儿,眼前就全是您的影子。昨日晚上,却偏偏没有做到什么离奇的梦,对您的来信没有丝毫预感,但您却来信了,信来了,您来了,您到西安来了!现在,我的笔无法把我的心情写出,我把笔放下了,又关了门,不让任何人进来,让我静静地坐一坐。不,屋里不是我独坐,对着的是您和我了,虽然您在冥中,虽然一切无声,但我们在谈着话,我们在交流着文学,交流着灵魂。这一切多好啊,那么,三毛,就让我们在往后的长长久久的岁月里一直这么交流吧。三毛!

1991 年 1 月 15 日下午收到三毛来信之后

附：三毛致贾平凹的信

平凹先生：

现在时刻是西元一九九一年一月一日清晨两点。下雨了。

今年开笔的头一封信，写给您：我心极喜爱的大师。恭恭敬敬的。

感谢您的这枝笔，带给读者如我，许多个不睡的夜。虽然只看过两本您的大作，《天狗》与《浮躁》，可是反反复复，也看了快二十遍以上，等于四十本书了。

在当代中国作家中，与您的文笔最有感应，看到后来，看成了某种孤寂。一生酷爱读书，是个读书的人，只可惜很少有朋友能够讲讲这方面的心得。读您的书，内心寂寞尤甚，没有功力的人看您的书，要看走样的。

在台湾，有一个女朋友，她拿了您的书去看，而且肯跟我讨论，但她看书不深入，能够抓捉一些味道，我也没有选择的只有跟这位朋友讲讲"天狗"。这一年来，内心积压着一种苦闷，它不来自我个人生活，而是因为认识了您的书本。在大陆，会有人搭我的话，说"贾平凹是好呀！"我盯住人看，追问"怎么好法？"人说不上来，我就再一次把自己闷死。看您书的人等闲看看，我不开心。

平凹先生，您是大师级的作家，看了您的小说之后，我胸口闷住已有很久，这种情形，在看《红楼梦》，看张爱玲时也出现过，但他们仍不那么"对位"，直到有一次在香港有人讲起大陆作家群，其中提到您的名字。一口气买了十数位的,一位一位拜读,到您的书出现,方才松了口气,想长啸起来。对了,是一位大师。一颗巨星的诞生,就是如此。我没有看走眼。以后就凭那两本手边的书,一天四五小时的读您。

要不是您的赠书来了,可能一辈子没有动机写出这样的信。就算现在写出来,想这份感觉——由您书中获得的,也是经过了我个人读书历程的"再创造",即使面对的是作者您本人,我的被封闭感仍然如旧,但有一点也许我们是可以沟通的,那就是:您的作品实在太深刻。不是背景取材问题;是您本身的灵魂。

今生阅读三个人的作品,在二十次以上,一位是曹禺,一位是张爱玲,一位是您。深深感谢。

没有说一句客套的话,您所赠给我的重礼,今生今世当好好保存,珍爱,是我极为看重的书籍。不寄我的书给您,原因很简单,相比之下,三毛的作品是写给一般人看的,贾平凹的著作,是写给三毛这种真正以一生的时光来阅读的人看的。我的书,不上您的书架,除非是友谊而不是文字。

台湾有位作家,叫做"七等生",他的书不销,但极为独特,如果您想看他,我很乐于介绍您这些书。

想我们都是书痴,昨日翻看您的"自选集",看到您的散文部分,一时里有些惊吓。原先看您的小说,作者是躲在幕后的,散文是生活的部分,作者没有窗帘可挡,我轻轻地翻了数页。合上了书,有些想退的感觉。散文是那么直接,更明显的真诚,令人不舍一下子进入作者的家园,那不是"黑氏"的生活告白,那是您的。今晨我再去读。以后会再读,再念,将来再将感想告诉您。先念了三遍"观察"(人道与文道杂说之二)。

四月(一九九○年)底在西安下了飞机,站在外面那大广场上发呆,想,贾平凹就住在这个城市里,心里有着一份巨大的茫然,抽了几支烟,在冷空气中看烟慢慢散去,尔后我走了,若有所失的一种举步。

吃了止痛药才写这封信的,后天将住院开刀去了,一时里没法出远门,没法工作起码一年,有不大好的病。

如果身子不那么累了,也许四五个月可以来西安,看看您吗?倒不必陪了游玩,只想跟您讲讲我心目中所知所感的当代大师——贾平凹。

用了最宝爱的毛边纸给您写信,此地信纸太白。这种纸台北不好买了,我存放着的。我地址在信封上。

您的故乡,成了我的"梦魅"。商州不存在的。

三毛敬上

佛　事

五月二十九日天下大雨,有客从台湾来,自称姓陈,是三毛的朋友。一听说三毛,陌生客顿做亲近人;先生却立在那里只是说,我送三毛的遗物到敦煌去,经过西安一定要来看看你。

看看我?我望着先生,眼睛便有些涩了。先生既然是三毛的朋友,带了三毛的遗物去敦煌,冥冥之中,三毛的幽灵一定也是到了;我与先生素不相识,也无书信联系,这么大的雨,他从我的单位打问到我住的医院,偏偏我又从医院回来,他又冒着雨寻来了。如此耐烦辛苦,活该是三毛的神使鬼差呢。

三毛,三毛,我轻声地叫起来了,"快让我瞧瞧!"等不及先生把一包东西放在桌上,我说,我要见三毛。

先生从一个大塑料包里往外掏,掏出一顶太阳帽来,说这是三毛生前一直戴着的;掏出一条发带,红色的,极有弹性,再是掏出一件水手裙了。先生的声调沉下来,介绍这种裙子在台湾一般有些年纪的妇女是不大敢穿的,四十多岁的人了,敢穿的恐怕只有三毛了。三毛性坦真,最不愿约束。报上发表的一张照片,是她在成都的街头,赤了脚坐在一家木板门面前,样子顽皮如小狗。三毛穿了这件水手裙走着,走着的是个性,走着潇洒。先生还在掏着,是一件棉织衫,一条棉织裤,全是白色的,上边似乎还残留着几点什么斑痕。"我没有带她的袜子。"先生说,三毛是以长筒丝袜悬颈的,袜子对于我们都太刺激了。最后掏出来的是一包三毛十多年来一直喜欢用的西班牙产的餐纸,一瓶在沙漠上护肤的香水,一包美国香烟,淡味型的,硬纸盒里仅剩五支,明显的已经霉了。

从头到脚的穿戴,吃的用的小品,完整的一个三毛,出现在面前了。我久久地目视着,一句话也说不出来。我能说什么呢,物在人去,生命已不可复得。她的归宿是她选择的。她的选择应该是对的,潇洒而美丽,虽然对于读者是一种遗憾和痛惜。

我走向了窗前,推开窗扇,檐前垂下的扯也扯不断那样的粗而白的雨。我喃喃起来,我并不自觉我说了些什么,是一句三毛你好,是一句阿弥陀佛?在场的我的妻子给我倒了一杯水,说我的脸色很是可怕了。

元月十六的清晨,三毛将最后的一封信,于亡日后第十二天寄给了我,信上写着五月份她是要来西安的。那时候,看过信的人都感到遗憾,三毛果然不失言,她真的在五月的最后的日子来到了!我虽然见到的不是她的真人,但以她的性格,和我的性格,这种心灵的交流,是最好的会见方式。

先生说,他居住的地方与三毛家很近。他常常去她那儿聊天,三毛在生前曾对他说过,死后她希望一半葬在台北,一半就留到浙江乡下的油菜田边,但至她去年十月到过了西北,主意改变,希望能葬在敦煌前的鸣沙山上,她说她把地点方位都选好了。

鸣沙山,三毛真会为她选地方。那里我是去过的,多么神奇的山,全然净沙堆成,千人万人旅游登临,白天里山是矮小了。夜里四面的风又将山吹高吹大,那沙的流动呈一层薄雾,美丽如佛的灵光,且五音齐鸣,仙乐动听。更是那山的脚下,有清澄幽静月牙湖,没源头,也没水口,千万年来日不能晒干,风也吹不走,相传在那里出过天马。鸣沙山,月牙湖,连同莫高窟构成了艺术最奇艳的风光。三毛要把自己的一半永远安住在那里,她懂得美的,她懂得佛。

一生跑遍了世界,最后觉得最依恋的还是祖国的西北。鸣沙山可以重温到撒哈拉的故事,月牙湖可以浸润温柔的夜,喜欢音乐和绘画正好宜于在莫高窟。谁的一生活得如此美丽,死后又能选中这般地方浪漫?她是中国的作家,她的作品激动过海峡两岸无数的读者,她终于将自己的魂灵一半留在有日月潭的台北,一半遗给有月牙湖的西北。月亮从东到西,从西到东,清纯之光照着一个美丽的灵魂。美丽的灵魂使从东到西从西到东的读者永远记着了一个叫三毛的作家。

陈先生打开了厚厚的三本相册,都是三毛生前的照片,有一张拍摄的是三毛的灵堂,一张是三毛周日的场面。先生几乎是噙着泪水详细给我讲了三毛最后走了的事情。他说,在三毛死后,她的母亲在医院整理遗物,发现病床枕边还放着我的一本书。老太感谢为三毛住院和后事帮了大忙的一位医生。那本书就送作纪念了。但是,陈先生却也带来了他送我的一件礼物,这就是三毛最后赠送给他的著作《红尘滚滚》。"我再送给你吧!"陈先生说,我浑身都在颤抖了,这何尝不又是三毛冥中的旨意呢?永久的纪念品,够我一生来珍存了。

我询问陈先生去敦煌以后怎样活动。陈先生说原准备到了鸣沙山,就在三毛选中的方位处修个衣冠冢,树一块碑子,但后来又想,立碑子太惊动地方,势必以后又会成为个旅游点,这不符合三毛的性格。她是真情诚实的人,不喜欢一切的虚张,所以就想在那里焚化遗物,这样更能安妥她的灵魂的。

这想法是对的,三毛还需要一块什么碑子吗?月牙湖的月亮就是她的碑子,鸣沙山就是她的碑子,她来来往往永驻于读者的心里,长留在中国的文学史上,人世间有如此的大美,这就够了。

我深深地感谢着三毛的这位朋友,却遗憾我自己身体有病,不能同陈先生一块去敦煌,我送陈先生到大门口,满天雨水的淋打中祝他一路顺利到敦煌。陈先生和我握别,脸上突然闪动了一个微笑。我立即觉得这微笑应该是三毛的,三毛式的微笑,她微笑着告别了。雨哗哗地下着,满地都是水泡,陈先生的身影消失在窄窄的长长的小巷的那头。这时候,灰蒙蒙的天上有了声音,是隐隐的雷,我知道三毛的灵魂在启行了,脱离了躯体的灵魂是更自由的。它在台北,它在敦煌,它随着月亮的周返转往两地,它会是做了月里的嫦娥,仙人之眼夜夜注视着她的祖国。它又会是在那莫高窟里做一个佛的,一个不生不死无生无死的佛。

孤独地走向未来

好多人在说自己孤独,说自己孤独的人其实并不孤独。孤独不是受到了冷落和遗弃,而是无知己,不被理解。真正的孤独者不言孤独,偶尔做些长啸,如我们看到的兽。

弱者都是群居着,所以有芸芸众生。弱者奋斗的目的是转化为强者,像蛹向蛾的转化,但一旦转化成功了,就失去了原本满足和享受欲望的要求。国王是这样,名人是这样,巨富们的挣钱成了一种职业,种猪们的配种更不是为了爱情。

我见过相当多的郁郁寡欢者,也见过一些把皮肤和毛发弄得怪异的人,似乎要做孤独,这不是孤独,是孤僻,他们想成为六月的麦子,却在仅长出一尺余高就出穗孕粒,结的只是蝇子头般大的实。

每个行当里都有着孤独人,在文学界我遇到了一位。他的声名流布全国,对他的诽谤也铺天盖地,他总是默默,宠辱不惊,过着日子和进行着写作,但我知道他是孤独的。

"先生,"我有一天走近了他,说,"你想想,当一碗肉大家都在眼睛盯着并努力去要吃到,你却首先将肉端跑了,能避免不被群起而攻之吗?"

他听了我的话,没有说是或者不是,也没有停下来握一下我的手,突然间泪流满脸。

"先生,先生……"我撵着他还要说。

"我并不孤独。"他说,匆匆地走掉了。

我以为我要成为他的知己,但我失败了,那他为什么要流泪呢,"我并不孤独"又是什么意思呢?

一年后这位作家又出版了新作,在书中的某一页上我读到了"圣贤庸行,大人小心"八个字,我终于明白了,尘世并不会轻易让一个人孤独的,群居需要一种平衡,嫉妒而引发的诽谤,扼杀,羞辱,打击和迫害,你若不再脱颖,你将平凡,你若继续走,走,终于使众生无法赶超了,众生就会向你欢呼和崇拜,尊你是神圣。神圣是真正的孤独。

走向孤独的人难以接受怜悯和同情。